WALTER LEISNER

Napoleons Staatsgedanken auf St. Helena

Napoleons Staatsgedanken auf St. Helena

Von

Walter Leisner

Duncker & Humblot · Berlin

Bibliografische Information Der Deutschen Bibliothek

Die Deutsche Bibliothek verzeichnet diese Publikation in
der Deutschen Nationalbibliografie; detaillierte bibliografische
Daten sind im Internet über <http://dnb.ddb.de> abrufbar.

Fremddatenübernahme: Berliner Buchdruckerei Union GmbH, Berlin
Druck: AZ Druck und Datentechnik GmbH, Kempten (Allgäu)
Printed in Germany

ISBN 3-428-12227-5
978-3-428-12227-1

Gedruckt auf alterungsbeständigem (säurefreiem) Papier
entsprechend ISO 9706 ⊖

Internet: http://www.duncker-humblot.de

Vorwort

Napoleon-Literatur füllt Staatsbibliotheken. Einer ihrer Mittelpunkte ist der Gefangene von St. Helena, nicht wenige Titel sind dem Gesetzgeber und Staatsorganisator Napoleon gewidmet[1].

Hier werden Betrachtungen vorgelegt, wie sie bisher, in Beschränkung wie Vertiefung, soweit ersichtlich, noch nicht geboten worden sind: Staatsgedanken des Verbannten auf der fernen Insel, in den ersten Jahren nach seinem Sturz – und nur aus den Tagebüchern seines treuen Begleiters und Gesprächspartners, des Grafen Las Cases. Dieses Mémorial de Ste. Hélène ist nur eine unter zahllosen Quellen, aus denen sich das Denken des großen Korsen erkennen lässt, aber es ist von ganz eigenartiger Bedeutung und Qualität: Literarisch war es das wichtigste Zeugnis, welches in zahlreichen Auflagen die Rückkehr der Asche des Kaisers in den Invalidendom, des Bonapartismus in Frankreich vorbereitet hat. Sein beachtlicher, wenn auch nicht absoluter Wahrheitsgehalt ist nie grundsätzlich in Zweifel gezogen worden; es hat, wie selten eine Schriftenreihe, auf Zeitgenossen und Nachfahren gewirkt, ist von ihnen verifiziert und damit weithin zur historischen Wahrheit geworden.

Doch nicht darum geht es, ob hier ein authentisches Bild dieser historischen Persönlichkeit in ihrer einmaligen Statur sichtbar wird. Entscheidend ist, was heute noch wirkt von diesem Staatsdenken, was sich der Politik, dem Staatsrecht der Gegenwart anbietet, vielleicht aufdrängt, als Bestätigung, Mahnung, Warnung. So findet sich denn im Folgenden zusammengetragen, aus diesen Tausenden von Seiten, was der Verbannte über den Staat gedacht hat, im Sinne dessen, was heutiger Allgemeiner Staatslehre und dem Staatsrecht bekannt ist und gelehrt wird, darüber hinaus in manchen Kapiteln politischer Wissenschaften. Geordnet findet sich dies hier nach den Einteilungen, die in diesen Wissenschaftszweigen geläufig sind, von Regierungsgrundsätzen bis zu Staatskirchenrecht, Verwaltung, Finanzen und Steuern. Ein letztes Kapitel ist Europa gewidmet in den Visionen des Gestürzten, seiner Vorstellungen von einer solchen künftigen, größeren Ordnung.

Die folgende Darstellung konzentriert sich auf das Mémorial. Sie verzichtet darauf, seine Aussagen mit denen anderer Zeitdokumente, etwa den Aufzeichnungen der Generäle Gourgaud und Montholon, zu kombinieren, aus zwei Gründen vor allem: Es soll ein geschlossenes Bild aus einer Quelle geboten werden, und zwar dasjenige, welches dem Staatsdenken des Verbannten (noch) am nächsten kommt, von seinem Autor am deutlichstem mit einer (auch) grundsätzlichen Zielrichtung gezeichnet wurde; dies aber ist das Mémorial, deshalb vor allem hat es denn auch

---

[1] Eine Literaturauswahl nicht belletristischen Schrifttums findet sich am Ende im Anhang.

weit stärker politisch gewirkt als alle anderen Berichte. Vor allem aber tritt hier das Anekdotische der Gespräche mit dem Kaiser viel weiter zurück als in anderen Quellen: Dort wird Napoleon häufig gezeigt in seiner raschen, sprunghaften Art, die der größere Gedanken sogleich mit klein(er)en Vorkommnissen verbindet – von „der" Histoire zu den petites histoires; gerade diese ständigen Verschlingungen müssen aber gelöst, Geschichte muss von Staatsgrundsätzen abgeschichtet werden. Das kann am besten beim Mémorial gelingen. Seine Aussagen werden im Übrigen nahezu durchgehend durch die meist nur beiläufigen Bemerkungen anderer Erinnerungswerke bestätigt[2].

Für die Ideengeschichte ist ein solches grundsätzliches Fortdenken der Gedanken politischer Klassiker im Verfassungsrecht längst eine Selbstverständlichkeit. Hier soll dies bei einem weiteren, noch weithin unentdeckten „Klassiker der Staatspraxis" versucht werden.

Diese Hunderte von Zitaten beziehen sich zusammenfassend auf längere, ausführliche Abschnitte wie auf eher beiläufige Äußerungen, welche sich nicht selten in ganz anderen Zusammenhängen finden. Das Thema des Staates und seiner Institutionen steht in den Tagebüchern weder neutral-zusammenhängend im Mittelpunkt, noch ist es zusammenfassend behandelt worden. Verstreut finden sich die Worte des Kaisers in allen Bänden[3], eingestreut vor allem in vielen persönlichen Erinnerungen, und sie tragen dann stets den – wertvollen – Stempel von deren Spontaneität, Natürlichkeit, Wahrhaftigkeit.

Auf französische Zitate wurde weitestgehend verzichtet, auf die Gefahr hin, dass so manch Unübersetzbares in seinem Gehalt nicht ganz genau wiedergegeben werden konnte, umschrieben werden musste. Die eigenartige, bis zur Sprunghaftigkeit gesteigerte, immer aber durchschlagende Diktion des Kaisers wird der Leser dennoch überall wenn nicht erkennen, so doch fühlen. Und alles steht unter dem großen Vorbehalt und Vorzeichen, dass hier nicht ein Staatsrechtslehrer spricht, sondern ein gestürzter Mächtiger in trauriger Retrospektive, mit Rechtfertigungsbedürfnis, in einem nunmehr unstillbar gewordenen Tatendrang.

Diese Blätter wenden sich an zwei Kategorien von Lesern vor allem: diejenigen, welche vertieft nachdenken über den Staat, dabei das Grundsätzliche suchen, auch in großen Äußerungen ferner Vergangenheit; vor allem aber an jene, denen die schöne Aufgabe anvertraut ist, unser Gemeinwesen und dessen ordnendes Recht jungen Menschen nahe zu bringen, ihnen dabei auch zu berichten, was einst dazu gedacht wurde, was vielleicht immer gilt.

---

[2] Vgl. Montholon, Ch. T.de, Récit de la captivité de Napoléon, 2 Bde, 1847; General G.de Gourgaud; Napoleons Gedanken (Journal inédit) und Erinnerungen, St. Helena 1815–1818, nach dem 1898 veröffentlichten Tagebuch, deutsch bearbeitet von Heinrich Conrad, 1901, insb. S. 298 ff., 311 ff., 319 ff. – aber auch hier überwiegen bei weitem historisch-anekdotenhafte Berichte.

[3] Die Zitate in den folgenden Fußnoten beziehen sich auf die französische Erstausgabe von 1823 im Selbstverlag des Autors Las Cases, wobei die römischen Ziffern die Band-, die arabischen die Seitenzahl angeben.

Zu ihnen allen spricht hier einer der Größten, die je gehandelt haben – und gedacht.

Dies ist schließlich ein später Dank des Verfassers an die Grande Nation, die unter Napoleon diesen Namen verdient hat, nicht zuletzt in ihrer kritischen – wie könnte sie sonst französisch sein – aber unwandelbaren Treue zu wahrer Grandeur, über verlorene Schlachten hinweg. Und es ist der Dank an einen Großen, der in ihm, seit ersten jugendlichen Begeisterungen, stets das Feuer der Bewunderung hat brennen lassen, in der Kühle der Rechtswissenschaft vom Staat. In diesem Sinn möchte er sich einreihen unter Heinrich Heines Grenadiere: „... den Kaiser, den Kaiser zu schützen".

Walter Leisner

Inhaltsverzeichnis

A. Einführung:
Napoleon und das Napoleonische

I. Napoleon: Faszination, Ideal, Wahrheiten
in einer Person

Dies ist nicht ein Kapitel napoleonischer Geschichte, sondern der Versuch, das Staatsdenken Napoleons heutiger Politik und dem Staatsrecht unserer Zeit nahe zu bringen.

Einem solchen Unternehmen stehen vor allem zwei Bedenken entgegen: Darf von Napoleon, diesem Mann der Tat, ein „Staatsdenken" überhaupt erwartet werden? Und: Was kann sein Denken der heutigen Zeit bedeuten, die zwischen parlamentarischer und präsidentieller Demokratie zu wählen hat, zwischen dem Rätestaat und Diktaturen von „Links" und „Rechts" – sind Napoleons Staatsgedanken, wenn es sie gibt, nicht so einmalig wie seine Gestalt, und daher eben doch – nur Geschichte?

Beide Einwände schlagen nicht durch – im Gegenteil: Hier wird große Geschichte auch zur großen Lehre für spätere Zeiten.

Napoleon war eine der größten Tatpersönlichkeiten der Geschichte. Von ihm kann man sagen, er habe das Angesicht der Erde verändert – durch Kanonen und Siege, mehr noch durch Institutionen und Staatsorganisation. All diese Leistungen aber werden doch mehr und mehr „Geschichte", mögen sie auch noch immer zu den Grundlagen unseres politischen Lebens zählen; denn über Napoleons Werk wirken auf uns die Ideale der Französischen Revolution, die kaiserliche Idee vom Verwaltungs- und Bildungsstaat.

Napoleon hat immer und in allem für die Ewigkeit bauen wollen – dauernder als jenes Erz, aus dem seine ganze Persönlichkeit zu bestehen scheint. Und doch gibt es wohl nur ein Werk, das hier historische Ewigkeit erreichen kann – soweit die Historie derartiges kennt: seine Person als Symbol für das, was ein Mensch leisten und erreichen kann. Was an ihm immer wieder, immer stärker wirkt, das ist nicht Napoleon, es ist „das Napoleonische". Dies hat stets alle in seinen Bann geschlagen, auch, ja gerade diejenigen, welche weit von ihm entfernt waren in jedem Sinne, Heinrich Heine etwa oder Leo Tolstoi.

Dieses Napoleonische übt immer neu seinen politischen und menschlichen Zauber aus, weil es nicht als etwas Einmaliges, Unwiederholbares empfunden wird, das untrennbar mit der Person des Korsen verbunden wäre; es erscheint vielmehr als die ungeheure Steigerung von dem, was sich in jeder starken Persönlichkeit zeigt, was letztlich in jedem Menschen irgendwo angelegt ist. Deshalb konnte Napoleon stets zugleich elitäres Vorbild sein und Idol der Massen – nicht nur, weil damals jedermann seine Kraft spürte, sondern weil jeder Mensch etwas von diesem Napoleonischen in sich fühlt, in seinen besten, klarsten und damit stärksten Momenten. Gerade damit aber ist Napoleon, in seiner Geschichte wie in seiner Wirkung auf uns, der entscheidende Schritt gelungen: vom Idol zum Ideal. Man mag sein Werk lieben oder kritisieren, für seine Taten Begeisterung oder Abscheu empfinden – er zieht in seinen Bann stets dadurch, dass er die höchste uns bekannte Steigerung der Kraft menschlicher Persönlichkeit gezeigt hat, gewesen ist, etwas, das jeder Mensch mit seinen kleinen Kräften tagtäglich irgendwo, irgendwie erstrebt.

Dies nun ist vielleicht schlechthin entscheidend am Napoleonischen: Die Potenzierung der Persönlichkeit war in diesem Mann nicht etwas Mystisches, nicht nur ein Charisma, dem man sich eben beugt, eine Magie, der man wenigstens zuzeiten unterliegt. Diese Persönlichkeit war eine der rationalsten, fassbarsten, die uns die Geschichte zeigt, in zahlreichen Seiten und Facetten so klar erkennbar, nachahmbar wie sein Empire-Stil; und er wollte es sein, nie hat er sich als Hüter unergründlicher Persönlichkeits-Geheimnisse gefühlt. Auch darin mag Berechnung gelegen haben; denn durch diese extreme Transparenz der Person wirkte er als fassbares Vorbild, als erreichbares Ideal. Stark genug aber war er, dass er sich diese Selbstentfaltung leisten konnte; in der Vielfalt seiner Ebenen, in der Kraft, die sie zusammenfügte, in der Schnelligkeit einer Bewegung der Gesamtpersönlichkeit blieb diese insgesamt doch unnachahmlich.

Diese wirklich einmalige Persönlichkeitsstruktur ist es, welche die „Person Napoleon" geradezu zum militärischen, politischen, ja zum kulturellen Lehrbuch macht, zu einer Fundgrube von Maximen und Gedanken, die in einem historischen Moment entstanden sind, über ihn jedoch hinauswachsen. So können sie heute Lehren, ja tiefe Wahrheiten sein.

Um eine Seite nur des so klaren napoleonischen Geheimnisses bemühen sich diese Blätter. Sie sind kein Versuch napoleonischer Geschichte, sie wollen geschichtstranszendentes napoleonisches Denken zeigen: von der Historie des Kaiserreichs abstrahierte Staatsideen eines großen Mannes, die wir und Spätere immer wieder werden nach-denken müssen – die Staatsideen Napoleons, die nichts anderes sind als Elemente des Napoleonischen, um das sich politische Menschen stets bewegen und immer bemühen werden.

II. Das pragmatische Denken Napoleons –
Taten durch Gedanken

Das Napoleonische kommt solchen Bemühungen entgegen: Es besteht nicht aus „reinen Taten", nicht aus Fakten allein, aus einer Serie von Kraftakten und Zufällen. In ihm liegt der ganze Cartesianismus Frankreichs, die Rationalität einer von

Jesuitenerziehung geprägten Geistigkeit; und es ist das Erbe der Aufklärung, das sich in dem dauernden Streben nach Methode und System zeigt. Immer wieder kommen in seinen Aussprüchen auf St. Helena die Worte wieder: „Mit meiner Art des Vorgehens" – „Das war mein System".

Napoleon war zwar besessen von der Überzeugung der Veränderbarkeit aller Dinge durch den menschlichen Willen, von „absoluter Realisierbarkeit" im Leben der Menschen, der „Machbarkeit an sich". Doch Erfolg ist für ihn zu allererst Ergebnis des Denkens, nur dadurch wird er nachvollziehbar, überzeugend und damit erst im Letzten legitim. Sicher sind alle napoleonischen Gedanken stets in besonderer Weise aktionsbezogen, wachsen aus Taten heraus und müssen stets engsten Bezug zu ihnen behalten. Einer Gegenwart, die sich so gerne pragmatisch nennt, wie das Wort sagt: doch letztlich handlungsbezogen, sollte gerade dies vertraut klingen. Die Staatsideen dieses Mannes kommen aus der Aufklärung, aber sie führen darin weit über diese hinaus, dass sie systematische Abstraktion ganz überzeugend und durchgehend vermeiden.

Die „großen Ideen an sich" waren für Napoleon durchaus Realität – aber eben nicht die seine. Sie beschäftigten ihn vor allem im staatskirchlichen Bereich. In seiner Politik habe er stets darauf geachtet, „nicht ans Dogma zu rühren"; sei er diesem zu nahe gekommen, so habe er abgebrochen und seine Ziele „auf einem anderen Weg" weiter verfolgt. Dies war nicht nur die Ehrfurcht des Gläubigen, es war vor allem die Überzeugung des Politikers, mehr noch: des Staatsmannes. Der dauernde Faktenbezug bleibt entscheidend, ein „Reich in Verwaltung", in dem gearbeitet wird, aus Fakten, „den Kompass in der Hand".

Was wir als Staatsideen Napoleons auffinden können, ist daher stets ein „konkretes Staatsdenken" im besten, im eigentlichen Sinn: Es sind gedachte Taten, aktionsbereite, aktionierte Ideen.

Man mag einwenden, dies sei die Art jedes aktiven Menschen zu schreiben und nachzudenken, wenn einmal die Zeit der Taten vorüber ist. Doch Napoleon unterscheidet sich davon nicht nur in der politischen Dimension, er hat stets, bei aller Flexibilität, eine Systematik der Taten angestrebt, einen Rahmen von Aktionen, der dem Unvorhersehbaren Raum ließ, zugleich aber ein fester Halt war für eigenes künftiges Verhalten und das Vertrauen anderer darauf. In dieser geordneten Konsequenz der Aktionen aber liegen eben überall – Ideen von Staat und Politik, nicht nur Reihen historischer Vorgänge.

Der eminent juristische Geist des Korsen trieb ihn immer wieder zu Formen und Formeln für sein staatspolitisches Handeln, die mit Kraft und Anspruch der Einmaligkeit auftreten, zugleich aber erklären und lehren sollten.

Dies ist also ein wahres Kapitel „politischer Wissenschaft", Staatsmaximen entwickelt aus politischem Handeln. Gerade im Staatsdenken Napoleons kann sich zeigen, wo hier die Grenzen dessen liegen, was man durch Gedanken erfassen, nachvollziehen, was man überhaupt an Politischem aussprechen kann.

Eines übrigens sei hervorgehoben: Hier geht es, bei aller Aktionsbezogenheit, um *Staats*denken, nicht um allgemeinpolitische Maximen, nicht um Machtmathematik. Nur selten finden sich in den Aufzeichnungen aus St. Helena die Worte „Macht", „Gewalt", nie bezeichnen sie einem Selbstzweck, stets sind sie Instrumente zu etwas anderem, zum Resultat der Politik, die über deren Maximen und Künste hinaustragen sollen: zum Staat. Wenn es einen Unterschied zwischen dem Politiker gibt und dem Staatsmann – hier wird er deutlich, im Staatsdenken findet sich Napoleon, nicht in allgemeinen Ratschlägen zu politischem Verhalten.

Sicher ist die Problematik des Versuches nicht zu verkennen, die Gedanken eines solchen Tatmenschen in die Formen eines Staatsdenkens zu binden. Allzu sehr sind wir ja, im Gefolge der Deutschen Allgemeinen Staatslehre, gewohnt, überall vertiefte Systematik zu erwarten, wo über den Staat nachgedacht wird. Von napoleonischen Aufzeichnungen kann solches nicht erwartet werden; zu vielfältig sind die Bezüge in ihnen, zu sehr beherrschte damals anderes die Gemüter, Erinnerungen und Hoffnungen; hinzu kommt noch der grundsätzliche Abstand des traditionellen französischen Denkens, in einzelnen, auch politischen Maximen, von der deutschen systematischen (Staats-)Philosophie.

Gerade darin aber liegt auch wiederum der Reiz dieses Unterfangens: ausgehend von den politischen Gegebenheiten gegenwärtiger Demokratie, von der ausgebauten staatsrechtlichen Dogmatik unserer Zeit erschließen sich der Untersuchung der napoleonischen Aussagen heute ganz unerwartete Horizonte. Oft sind es ja nur kurze, nebensächlich erscheinende Bemerkungen, fast stets eingestreut in andere Erzählungen, sie stehen da in Verbindung mit Hoffnungen und Urteilen, die heute wirklich nurmehr „rein historische" Bedeutung haben. Doch immer wieder bricht, oft ganz überraschend, etwas von jenem Geist durch, der nach einer ewigen, einer wahrhaft imperialen Staatlichkeit gesucht hat. Dies sind die ganz großen Momente in diesen Gesprächen, in Nebensätzen enthüllt sich oft etwas vom Napoleonischen Geheimnis.

III. „Liberales" Staatsdenken

In einer politisch interessierten und zugleich vielfach gespaltenen Zeit liegt die Versuchung nahe, das Staatsdenken einer großen Vergangenheit als Vorläufer bestimmter heutiger Doktrinen des Staatsrechts anzusehen, oder gar mit ihm eigene politische Ansichten legitimieren zu wollen. Dessen müssen sich Autor und Leser stets kritisch bewusst sein. Nicht wenige werden deshalb auch mit Skepsis einer Arbeit über Staatsideen Napoleons begegnen, weil sie argwöhnen, es solle hier vielleicht gar einer autokratischen Politik, diktatorialen Staatsformen das Wort geredet werden.

Es wird sich zeigen, dass diese Sorgen nicht begründet sind. Mit welchem Vorverständnis immer ein Betrachter an eine solche Arbeit herangehen mag, er muss sich hier sehr bald jenen Gedanken unterordnen, die er wiedergibt. Sie aber lassen sich für eine bestimmte heutige Staatsform schlechthin nicht einsetzen. Der Staat Napoleons selbst ist so fern von der heutigen Zeit, er ist nun wirklich derart unwiederholbar Geschichte geworden, dass keine Restauration zu ihm zurückführen könnte. Daher gibt es für uns heute ein Staatsdenken Napoleons, keinen Napoleon-Staat.

Dieses Staatsdenken aber hat etwas besonders Unideologisches, etwas primär-Methodisches, ja geradezu etwas Staats-Technisches an sich. Hier werden Verhaltensmaximen und Grundsätze geboten, die in ganz unterschiedlichen Staats- ja Gesellschaftsformen Anwendung finden können. Darin gerade liegt ihre eigentümliche Wirkkraft und Allgemeinheit: Nicht aus einer spezifischen, fest normierten Verfassungslage kommen sie, sie sind weit mehr laufende Gesetzgebungs- oder Verwaltungspolitik als feste Verfassungsdoktrin. Sie erscheinen nicht als Ausdruck eines Denkgebäudes, das bereits seinen Schöpfer beherrscht, einer Gesetzgebung, die schon klüger geworden ist als der Gesetzgeber; sie zeigen sich nur als Ausdruck einer Persönlichkeit, die selbst das dynamisch sich entwickelnde Gesetz war, auf feste staatsrechtliche Strukturen noch keineswegs hinweisen wollte. Das Riesenreich, zu dem all diese Gedanken hinführen sollten, lebte nur im Geist dieses einen Mannes, es war in laufender Vollendung, ein werdendes Reich, ein Imperium in fieri. Und deshalb können seine Basisgedanken auf seiende und werdende Reiche angewendet werden, mit jener Einfachheit, ja Bescheidenheit, welche stets, bei all seiner Größe, das napoleonische Denken kennzeichnet.

In diesem Sinn ist das napoleonische Staatsdenken sogar einigermaßen inhaltsleer, es ist mehr auf ein Wie als auf ein Was ausgerichtet. Damit aber liegt ihm eine eigenartige Offenheit zugrunde, eine Nicht-Identifikation, die man letztlich als liberal bezeichnen darf. Mag sein, dass auf einer gewissen Höhe der politischen Macht und des politischen Denkens solche Liberalität fast notwendig sich einstellt, vielleicht trägt auch jenes Technokratische, dessen erster großer Vertreter in der neueren Politik Napoleon war, mit Notwendigkeit liberale Züge.

Doch liberal ist dieses Denken nicht nur wegen der imperialen Höhe, auf und aus der es wirken sollte; die Persönlichkeitsstruktur Napoleons selbst ist, so paradox dies scheinen mag, im Grunde eine liberale.

Mit erstaunlicher Leichtigkeit öffnet er sich im Gespräch anderen Gedanken, die im Widerspruch zu seinen Thesen stehen. Der experimentell-empirische Charakter seines Staatsdenkens zeigt kaum je doktrinäre Züge; nicht selten wird sogar eine gewisse Freude am intellektuellen Spiel sichtbar. Napoleon fühlt sich offensichtlich durch die Schnelligkeit seiner Auffassung und seines Denkens, seiner geistigen Bewegungen allen anderen überlegen und er gefällt sich darin, dies auch in Widersprüchlichkeit, im raschen Wechsel von einer Position zur anderen zu zeigen. Doch in dieser Suche des Widerspruchs zu sich selbst, in der Kraft, ja der Freude, ihn zu ertragen, zu überwinden – in all dem wirken eben diese Ideen liberal.

Beispiele dafür sind wohl die Antithese zwischen revolutionärer Freiheit und imperialer Autorität, die er geradezu genießt, auf die er ständig zurückkommt, oder die Leichtigkeit, mit der er sich in Gegenpositionen versetzt, um diese dann nicht nur zu verstehen, sondern geradezu zu rechtfertigen, von Ludwig XVI. bis zu den süddeutschen Fürsten, welche 1813 von ihm abfielen.

Vielleicht ist dies also vor allem eine „prozedurale Liberalität", eine Freiheitlichkeit in der *Art* des Denkens und Handelns, naheliegend bei einem Mann, dem alles machbar erschien, und dem alles Große, jede erstaunliche Leistung an sich schon etwas Gutes war – nichts anderes haben ja dann die Impulse des großen liberalen Denkens im 19. Jahrhundert weitergegeben, in dem so viel Napoleonisches gewirkt hat.

Zu all dem kommt schließlich der historische, geistige Rahmen des beginnenden wirtschaftlichen und politischen Liberalismus, dessen größter Exponent eben doch jener Korse war, dem so oft und sicher nicht immer zu Unrecht vorgeworfen worden ist, er habe in seiner praktischen Politik das Rad des anlaufenden Liberalismus mit konservativer Hand zurückdrehen wollen. In seinen Staatsgedanken, fern von der Notwendigkeit der praktischen Politik, zeigt sich ein anderes Bild; und sein Großneffe ist mit seinem Empire libéral sicher sein Erbe gewesen.

IV. Warum Gedanken von St. Helena?

Die Staatsideen Napoleons haben sich vielfach gewandelt und sie können aus vielen, sehr unterschiedlichen Quellen erschlossen werden – von seinen Verfassungen bis zu seinen Proklamationen und Bulletins, von seinen Äußerungen in Gesetzgebungsverfahren bis zu all jenen zahllosen, meist anekdotenhaften Bemerkungen über sein Verhalten und seine Aussprüche, die uns Memoiren und Historiker überliefern.

Wir haben uns aus bereits angedeuteten Gründen auf die Tagebücher des Grafen Las Cases aus den beiden ersten Jahren des Exils in St. Helena beschränkt:

a) Zunächst einmal, weil dieses literarische Monument, trotz aller Unterbrechungen, Einschübe, Brüche, insgesamt doch eine gewisse Einheit darstellt, weil hier der Kaiser über einen bestimmten Zeitraum hinweg sozusagen „mit den gleichen Augen" gesehen wird. Auf diese Weise kann ein in sich wenn auch nicht völlig, so doch einigermaßen geschlossenes Bild entstehen. Bei einer so vielschichtigen, ja oft schillernden Persönlichkeit wie Napoleon ist dies unerlässlich, wenn da überhaupt „Staatsideen" nicht nur Gedankenblitze sein, sondern mit Dauerwirkung grundsätzliche Themen beleuchten sollen.

b) Ein weiterer Grund liegt in der Person des Grafen Las Cases selbst. Es ist ja durchaus nicht leicht, hinter dem Schleier der Tagebücher, hinter der Persönlichkeit eines Chronisten den „wahren Napoleon" immer zu erkennen, wenn es ihn überhaupt gibt. Darauf wird hier auch kein Anspruch erhoben. Wohl aber ist das „Medium", Las Cases selbst, einigermaßen bekannt; wir kennen seinen Werdegang, seine Haltung zu Napoleon, die er ja selbst in seinen Tagebüchern ständig mit dem verbindet, was er über Napoleon schreibt. Ferner wissen wir, mit welchen Intentionen dies geschehen ist – als große Apologie des Korsen. Las Cases wollte im Grunde nur einen Beweis führen: dass dieser Mann kein Tyrann, kein blutgieriges, kapriziöses, unmenschliches Monstrum war, sondern ein liebenswerter Freund und Führer. Diesem Ziel der Vermenschlichung des Korsen ist alles untergeordnet, die Wahl und Zusammenstellung der Themen, die Darstellung der physischen Leiden des Entthronten und die begeisternden Geschichten seiner Feldzüge.

Las Cases war ein bekehrter Freund, daher ein glaubwürdiger Zeuge. Der Autor des Mémorial ist kein Parvenu, kein Exponent des napoleonischen Verdienstadels. Immer wieder lässt er seine familiären und geistigen, seine menschlichen Wurzeln hervortreten, aus denen er ganz anti-napoleonisch gewachsen ist: aus jenem Ancien Régime, das der Korse in der Verbannung vielleicht besser verstanden hat, mit dem er aber auch dort noch immer entschlossen bricht, wie mit dessen Restauration durch seine Feinde.

Der Graf Las Cases war ein traditionalistischer Aristokrat, den etwa die Ermordung des Herzogs von Enghien zutiefst getroffen hatte. Noch auf der fernen Insel quält er sich, zusammen mit seinem großen Freund, um mögliche Rechtfertigungen für solche tödliche – Fehler (Talleyrand), wie um Rechtfertigungen für eine „absolute" napoleonische Gewalt, welche nicht an sich gut, sondern nur „nach den Umständen" ihm berechtigt erschien – einmalig-vorübergehend.

Der Autor der Tagebücher ist von Napoleon – erobert worden im wahren Sinne des Wortes, nicht nur durch überlegenen Geist, sondern durch etwas Erstaunliches: liebenswerte Monumentalität. Grenadiere zu gewinnen durch einen Blick aus sieghaft blitzenden Augen ist wenig verglichen mit der Eroberung einer solchen Freundschaft, der es beschieden war, den Kaiser noch einmal zurückzubringen in sein Europa, in seiner dritten Wiederkehr: vom retour d'Egypte über den retour de l'Ile d'Elbe zum retour de Sainte-Hélène – der endgültigen Heimkehr.

Diese Blätter berichten nicht nur, sie berühren, weil hier ein Bekehrter von Verwunderung über Verehrung zur Liebe kommt. Damit wachsen sie über die Begrenztheit von Memoiren hinaus: Sie bleiben treu in Erinnerung, doch sie werden zum historischen Monument – von mémoire zum Mémorial.

c) Gerade deshalb sind diese Blätter von besonderem Wert für die Erkenntnis des Staatsdenkens Napoleons, weil sie eben dieses ersichtlich gar nicht in den Mittelpunkt stellen, kaum erwähnen wollten. Allenfalls sollten einige politische Maximen die Humanität des Korsen zeigen; eine vertiefte staatsgrundsätzliche Betrachtung wiederzugeben lag Las Cases fern. Bezeichnenderweise bricht er auch nirgends häufiger ab als gerade dort, wo Napoleon solche Gedanken entwickelt hat: Er erinnere sich nicht mehr, könne seine Aufzeichnungen nicht entziffern. Alles philosophisch Vertiefende fehlt in diesen Büchern, das wissenschaftliche Interesse von Las Cases lag ersichtlich auf naturwissenschaftlichem, allenfalls noch auf historischem oder militärischem Gebiet.

Deshalb ist er ein unverdächtiger Zeuge: Das Staatsdenken Napoleons, das er überliefert, ist mit Sicherheit nur ein Haufen von Bruchstücken dessen, was Napoleon weit systematischer entwickelt haben dürfte. Doch sein Wert liegt gerade darin, dass es eine Art von staatstheoretischer Ruinenlandschaft ist, in der Grundlagen und wichtige Umrisse nur umso deutlicher hervortreten. Seine Bedeutung erwächst gerade daraus, dass hier Staatsideen gleichsam absichtslos, am Rande überliefert werden.

Wie eindeutig napoleonisch sie aber geprägt sind, das zeigt die Lektüre jeder einzelnen Stelle doch überzeugend, vor allem wenn man die als wörtlich überlieferten Äußerungen des Kaisers mit den Passagen vergleicht, die Las Cases als eigene hinzufügt. Die Logik der Gedankenführung schwächt sich bei letzteren sogleich ab, es fehlt die geistige Wucht der häufig maximenhaft geprägten und nahezu immer tief eindringenden Gedanklichkeit des Imperators.

Das „eigentlich Napoleonische" ist hier also stets gegenwärtig und deutlich erkennbar, und es ist mit einer Beiläufigkeit dargestellt, die stets der Wahrheit am nächsten kommt, wiedergegeben von einem Mann, der treu ergeben, ein ehrlicher Freund im Unglück war.

Der wichtigste Grund dafür aber, dass wir in den Tagebüchern von St. Helena eine besonders authentische Seite des Staatsdenkens Napoleons finden, liegt darin: Dies sind Gedanken *politischer und menschlicher Hoffnungslosigkeit;* ihnen ist daher etwas von einer ziellosen Grundsätzlichkeit eigen, das jedes tiefere Denken kennzeichnet. Hier wird kein unmittelbarer politischer Nutzen erwartet, kein Manifest der Rückkehr entworfen. Diese Ideen kommen zwar aus Machterfahrung, aber sie sind nicht mehr auf Macht gerichtet, es sind geistige Reflexionen.

Man mag darüber streiten, wie groß Napoleons Hoffnungen waren, dass nochmals eine ganz große Rückkehr gelingen werde – oder auch nur, dass er die Insel verlassen dürfe. Immerhin konnte er ja annehmen, dass England sich ihn als eine politische Drohung gegen die Heilige Allianz erhalten und eine solche vielleicht eines Tages ausspielen werde. Auch mochte er erwarten, dass liberale Revolutionen die Restauration ablösen würden, wie dies – für ihn zu spät – denn auch eingetreten ist.

Doch nichts von all dem prägt die Tagebücher von St. Helena, kaum etwas davon kommt in staatsgrundsätzlichen Passagen zum Ausdruck. Tiefe Depression und Resignation liegt über so vielem, jedenfalls etwas Zusammenfassendes, Abschließendes. Hier zieht ein Staatsmann das Résumé seines Lebens, er entwickelt nicht ein Programm. Nicht selten hat man den Eindruck, nach all diesen Rückschlägen wolle ein vom Schicksal und von den Menschen Enttäuschter gar nicht mehr neu beginnen, schon weil er weiß, dass er nie wieder so hoch wird steigen können, trotz mancher Beteuerung aber nicht bereit ist, tiefer zu stehen.

Damit erreicht Napoleon hier eine gewisse kritische, manchmal sogar selbstkritische Distanz zu politischen Erscheinungen – und vor allem zu sich selbst – die aus seinen Bemerkungen etwas anderes und mehr werden lässt als ein Lehrbuch des politischen Handelns. Immer wieder betont er, was er nun „erkannt" habe, was ihm „klar" geworden sei. Und nach so großen Erfolgen und Illusionen konnte vielleicht auch erst die ganz große Niederlage den Weg für das reinere Geistige, für das Nachdenken freimachen.

d) Ein letzter und nicht der geringste Grund, warum St. Helenas erste Jahre für das Staatsdenken des Korsen eine Periode von zentraler Bedeutung sind, liegt darin, dass diese Aufzeichnungen unmittelbar nach Waterloo beginnen, in einer Periode, in welcher Napoleon das erste Mal in seinem Leben zu reinem, tatenlosen Denken verurteilt war. Da war noch die ganze Kraft der gestauten Spannungen, die nahe Erinnerung an die Aktionen – und doch der unvermittelte Zwang zu einer Reflexion, in der etwas wie eine geistige Revanche entstehen sollte. Dies erklärt den intellektuellen und menschlichen Schwung, der noch immer hinter all diesen Worten steht, sie irgendwie doch zu einer Einheit zusammenschließt.

Wenn es wahr ist, dass die Zeit nach einer ganz großen Niederlage oft die größte, reichste ist – und die Geschichte hat es oft genug bewiesen – so ist dieses erste St. Helena, zwischen Waterloo und dem Beginn der tödlichen Krankheit, für den Kaiser ein großer Moment gewesen.

V. Genialische Staatsideen –
oder einfaches Staatsdenken?

Eine letzte Bemerkung soll den Leser vor einer Enttäuschung bewahren: Wer Worte Napoleons liest, mag etwas erwarten wie genialische Geistesblitze, ein ständiges Wetterleuchten besonders tiefer oder mächtiger Gedanken. Er wird es hier nicht finden. Da ist weder das einmalig-perfekte Kalkül, das ganze Armeen abgeschnitten, eingeschlossen, vernichtet hat, noch die titanischen Durchbruchsideen, die ein Austerlitz entscheiden sollten: Staatstheorie ist kein Schlachtfeld.

Napoleon spricht in all dem, was hier dargestellt wird, als Praktiker der Politik; große geistige Einbrüche, wie sie der Theorie, der Philosophie gelingen mögen, darf man von ihm nicht erwarten. Vor allem einfache, nützliche Dinge hat er ansprechen wollen, mehr nicht – das ist ihm gelungen mit einer Klarheit, die oft nicht weit von Banalität entfernt ist. Vor allem aber sind eben viele dieser Gedanken nicht voll entwickelt, vertieft, sondern nur Beginne von Gedankenreihen, deren Ausführung ein Generalissimus seinen Marschällen, Generälen, Soldaten überlässt; es sind gleichsam große Umrisse von Bildern, bei denen aber oft das ganz Mächtige ohne Ausführung gar nicht sichtbar wird, zuweilen gar als Selbstverständlichkeit erscheint.

So muss man vielleicht Napoleons Gedanken lesen: als Selbstverständlichkeiten mit tieferer Bedeutung. Doch gerade wer sie aus der Sicht der späteren, entwickelten, vertieften Staatslehre betrachtet, der mag in diesen Worten nicht selten doch jene eigenartige Mischung erkennen, die man als die revolutionäre Weisheit des alternden Korsen bezeichnen könnte. Dies sind Ideen, die nicht so sehr „groß" sind und „möglich" – sie sind einfach und wirklich.

Napoleon war, mehr als viele andere Staatsmänner, ein Kind seiner Zeit; daraus zog er seine Kraft, aber eben dies zieht ihm auch letzte Schranken. Nur selten reicht sein Blick über den – so weiten – Horizont der Französischen Revolution hinaus; und wer den politischen Ideenreichtum des 18. Jahrhunderts in Frankreich bewundert, der mag wohl enttäuscht sein von der oft fast skeletthaft wirkenden Einfachheit eines Denkens, dem alles Utopische fremd ist, das gerade in der Realität des Staatlich-Politischen immer wieder fasziniert hat – damals wie später. Es fehlt hier jener „reine" Geist, der nichts realisieren muss und in der Tat nie etwas verwirklicht.

Man kann sich auch des Eindrucks nicht erwehren, als sei es Napoleon gerade auf St. Helena nicht gelungen, die historische Zufälligkeit seiner Periode klar zu erkennen und damit zu überwinden. Das mag angesichts ihrer und seiner Größe verständlich sein; damit aber wird notwendig das Gewicht mancher Aussagen relativiert, die eben nur für diese Zeit eine tiefere Wahrheit bedeuteten. Vor allem gilt dies für die Institutionen der monarchischen Souveränität, deren Niedergang Napoleon ebenso wenig erkennen konnte – oder wollte – wie er einen Blick hatte für das, was so kurz nach ihm schon als soziale Frage die politische Welt verändern sollte.

Nicht zuletzt aber liegen Grenzen des napoleonischen Staatsdenkens wiederum gerade in der Situation von St. Helena. Der heutige Betrachter mag hier Selbstkritik des Gestürzten erwarten, Erkenntnisse über grundsätzliche Organisationsfehler im staatlichen Bereich. Doch gerade darin gelangt Napoleon über Ansätze nicht hinaus, die zudem immer wieder dahin zurückführen, dass er die Unfähigkeit anderer, seiner Familie, seiner Freunde und Feinde nicht richtig eingeschätzt habe. Damit werden seine Ideen nicht selten zur trotzigen Erfolgsbilanz nach der Niederlage, zum Ausdruck der Enttäuschung dessen, der zu gut war für seine Zeit, wenn nicht gar zum wenig überzeugenden Rechtfertigungsversuch. Dass daraus nicht immer die letzte geistige Bescheidenheit kommen kann, welche dem Denker in seinen besten Augenblicken eigen ist – das ist selbstverständlich, und niemand wird von einem Napoleon auf St. Helena eine solche Selbstkritik erwarten, welche seine Legitimation vor sich selbst zerstört hätte. Sein Staatsdenken ist von tiefen und kritischen Einsichten geprägt, die vertiefende Grundsatzkritik an sich selbst fehlt ihm im Letzten.

Las Cases hat sein Ziel erreicht: Sein Mémorial war das erste und größte literarische Monument, das Napoleon gesetzt wurde: der Weg in den Invalidendom und in die Herzen der Generationen von Napoleon-Bewunderern war frei. Ob dieser Napoleon von St. Helena, mit den Augen unserer Zeit gesehen, wirklich zur liebenswerten Erscheinung werden kann, ist eine ganz andere Frage. Irgend etwas von einer menschlichen Kälte liegt im Denken eines Mannes, der nach so furchtbaren menschlichen Schicksalen, die mit seiner Person verbunden waren, auf der fernen Insel kaum ein warmes Wort für die Unzähligen finden konnte, die in seinem Namen gestorben sind.

Auch dies charakterisiert den Staatsdenker, den Staatsingenieur Napoleon; wer ihm das zum Vorwurf macht, hat ihn im Grunde nicht verstanden. Dies war eine ganz und gar transpersonale Gestalt, ein Staatsarchitekt, der in Marmor und Erz baute, nicht in Menschen. Er hat seine Feldzüge danach beurteilt, ob es eine „schöne Kampagne" war, in welcher der Geist über die Menschen hinweg Geschichte gestaltete. Und das wird man auch dem Staatsmann Napoleon bestätigen: Sein Staatsdenken ist „une de ses plus belles campagnes".

Vielleicht ist es deshalb aber auch zu groß, um Staatstheorie zu sein, Staats-Lehre. Der größte der Generäle ist immer seinem Grundsatz treu geblieben: „Man beginnt die Schlacht, und dann sieht man..." – aber durch ein Fernrohr. Das ist der Kern seines Staatsdenkens: Es ist größer als die einzelne Lösung, weil es Anstoß bleibt – Beginn einer Tat. Sind diese Gedanken nicht einer Gegenwart zu-gedacht, die eines vor allem will: Offenheit, ein Fortschreiten in Hoffnung auf Erfolge – auf menschliche, geistige Siege?

B. Die Gespräche mit dem Kaiser

I. Staatsgedanken als Wahrheitssuche

Die Aufzeichnungen des Grafen Las Cases sind eine ernste Bemühung um historische Wahrheit. Seit seiner Zeit hat dies die Forschung über das Exil von St. Helena stets bestätigt. Der Protokollant wollte streng wiedergeben, was er Tag für Tag gehört hatte. Er selbst hat den Kaiser nicht kritisiert, wohl aber dessen – oft bittere – Selbstkritik nicht verschwiegen. Geboren in einer Zeit der enzyklopädischen Faktensuche, die sich auch während der napoleonischen Kriege, etwa in Ägypten, fortsetzte, ging es ihm nur um eines: Man sollte den Korsen beurteilen (können), in der Sicherheit, dass „nun Irrtümer nicht mehr in den Materialien liegen"[1]. Seinen großen Gesprächspartner wollte er porträtieren, „mit seinen eigenen Worten, mit seinen eigenen Gesten, und ich musste daher bis in die Einzelheiten hinein wahr bleiben, peinlich treu" das Gehörte wiedergeben[2].

Mehr hat der aristokratische Offizier, in vornehmer Zurückhaltung, nicht über seine Wahrheitssuche gesagt. Seine Zeitgenossen haben ihm vertraut, gewiss auch weil sie diese Wahrheit politisch wünschten. Auch die Gegenwart darf ihm – bis zu Gegenbeweisen im Einzelnen – diesen Glauben schenken. Wohl mag seine ebenso offen bezeugte wie durch sein Leben bewiesene Liebe zu seinem Herren ein verklärendes Licht auf so manche Äußerungen des Kaisers werfen. Doch dessen mächtige Worte lassen seine eigentlichen, seine damals für ihn – wahren Gedanken immer wieder durchschimmern; sie bedürfen der Schönung nicht, das wird der Leser bald erkennen, mehr noch: fühlen.

Da ist – subjektive – Wahrheit, beim Chronisten, wie vor allem beim Porträtierten, jedenfalls der Versuch, sie von der fernen Insel aus zu sehen.

Für Napoleon selbst waren diese Diktate eine Wahrheitschance kühler Geschichtsschreibung: „Er spricht von seiner vergangenen Geschichte, als läge sie bereits 300 Jahre zurück, kalt, leidenschafts- und vorurteilslos"[3]. Die Verbannung wird zur Wahrheitschance: „Wenn ich auf dem Thron gestorben wäre, in den Wolken meiner Allmacht, so wäre ich für viele ein Problem geblieben; in meinem Unglück kann man mich heute sehen ganz wie ich bin"[4].

Für ihn kam diese Wahrheit zu spät – nicht für uns.

---

[1] Préface.
[2] IV, 434.
[3] I, 414.
[4] I, 471.

II. Grundsätze der Politik und Regierungskunst

1. Pragmatismus: Die Macht des Zufalls –
„Regieren nach den Umständen"

a) Von einem „Machtmenschen" sollte erwartet werden, dass er die Umstände stets seinem Willen unterwerfen möchte, sich ihnen nicht überlässt – und nichts dem Zufall. Doch das Exil hat ihn gelehrt: um öffentliche Interessen mochte er sich bemühen, in ihnen verankert sein – aber um sie trieb ihn meist doch jener Zufall umher, „der die Welt regiert"[5].

Nun erst, als einfacher Privatmann, als philosophischer Betrachter der Zeiten, erkannte er, wie viel Zufall in den Schicksalen derjenigen war, die er regierte, dass alles, was ihn umgab „letztlich eine wirkliche Lotterie sein musste"[6]; und er selbst natürlich – in ihr. Was Tolstoi später in „Krieg und Frieden" eindrucksvoll gezeichnet hat – die weltgeschichtliche Wende in Russland 1812 nach dem Wohlbefinden des Oberbefehlshabers – das war am Ende diesem selbst durchaus bewusst: seine Geschichte als Zufall, die „Atmosphäre" um ihn als Lotterie – die Grenzen der Macht und des Willens zu ihr.

b) Doch dies blieben einzelne, depressive Erkenntnisse. Dieser Mann konnte sich als Spielball der Verhältnisse sehen, er musste stets mitspielen in ihnen. So behauptet er denn, nicht in den Fehler der „modernen Systemmenschen" verfallen zu sein, die sich in ihren Ideen an die Stelle der „Weisheit der Nationen" setzen wollten, welche doch in deren experimentierender Erfahrung liege[7]. Dies war ein Bekenntnis zu einem allgemeinen Pragmatismus, im Zusammenhang mit Wirtschaftssystemen, aber auch im Sinne einer deutlichen Distanz zu jeder Form von Ideologie; hier steht der Machtpraktiker gegen den Machtsystematiker, in der Erkenntnis, dass Ordnung stets aus den jeweiligen Situationen entsteht, nicht übergreifend diesen aufgezwungen werden kann. Der Zusammenbruch seines feudalen Familiensystems in Europa war dessen früherem Beherrscher wohl eine bittere Lehre.

So versteht sich ein wahres Grundbekenntnis zur politischen Flexibilität des Regierens: „Häufig habe ich meine Pläne geändert. Ich hatte wenig feste Ideen, weil ich nie unbedingt die Verhältnisse ändern wollte, sondern ihnen meist gehorchte, und weil sie mich jeden Augenblick zu Änderungen zwangen. Deshalb traf ich in Wahrheit meist keine eigentlichen Entscheidungen, ich hatte nur Pläne"[8] – eine wahrhaft paradoxe Aussage einer Persönlichkeit, die als historischer „Prototyp" des Entscheiders gilt, und zugleich ein tief(sinnig)es Wort zu Wesen und Bedeutung politischer Planung, welche unter grundsätzlichem Änderungsvorbehalt steht, und in der doch „bereits Entscheidung liegt". Aber „die Umstände" waren eben

---

5 VII, 316 f.
6 VI, 125.
7 IV, 332 f.
8 V, 50.

meist stärker als die Entscheidungsmacht; der Verbannte erkennt nun – zu spät –
die beherrschende Kraft dieser Umstände, er versucht eine erstaunliche – und historisch sicher unrichtige – Interpretation seines eigenen Verhaltens: Seine starke
Hand mochte das Steuer halten, doch die vielen, plötzlichen Wellen waren stärker,
und so sieht er sich als einen Weisen, der ihnen nachgeben musste. „Ich war nie
mein eigener Herr, immer wurde ich von den Umständen beherrscht[9], nie konnte
ich meinen Freunden sagen, was mein Ziel sei. Denn ich war nicht der Verblen-
dung verfallen, die Ereignisse in mein System zu zwingen, ich passte dieses bieg-
sam ihren Erscheinungsformen an, ließ mich im Allgemeinen von den Umständen
leiten – wer kann sie in ihrer Zufälligkeit, ihrer Umfallneigung vorhersehen"?[10]
Dies mochten bereits letzte, resignierende Deutungen aus der Spätzeit des Mémorial sein; aber selbst an dessen Anfang steht der Grundsatz: Festes, gemäßigtes,
also haltendes und gestaltendes Regieren – aber immer nach den Notwendigkeiten
des Augenblicks[11].

Diese Anerkennung der Macht des politisch Unbeherrschbaren durch den großen Herrscher ist mehr als depressive Resignation oder Entschuldigung: Sie zeigt
ein Politikverständnis, in dem sich die Macht den Wellen des Unvorhersehbaren
anvertrauen muss. In Zeiten des Erfolges konnte es der siegreiche General als Vor-
rang der Taktik vor der Strategie sehen, der Ideen vor der Ideologie – en fait de
guerre on s'engage et puis on voit; in Politik wie im Krieg ist man stets „mitten
drin" in der raschen Entwicklung des Unvorhersehbaren und: „Im Krieg wie in der
Liebe muss man sich aus nächster Nähe sehen"[12] – handeln im Augenblick.

c) Die wichtigste Folgerung aus dieser Erkenntnis der Macht der Verhältnisse
und ihres unvorhersehbaren Handelns ist eine vorsichtige Zurückhaltung, welche
die Kraft eigenen Gestaltens nicht überschätzt. In Ägypten hat der Eroberer die un-
verrückbare Schwerkraft von Sitten, Gebräuchen, Gewohnheiten kennen gelernt –
eine ferne napoleonische Fußnote zur Integration von Orientalen, die heute und in
Zukunft nachdenklich stimmen sollte: Was vermochte die absolute Militärgewalt
gegen die Meinungsfreiheit der Cafés, der „Zitadellen der Freiheitlichkeit"?[13].

So gilt denn allgemein: „Nur das Unumgängliche darf versucht werden"[14]. Und
selbst darin muss stets der unendliche Abstand gesehen werden zwischen dem Geben von Befehlen und deren Ausführung: Wie oft würde sich nicht der Befehlende
widersetzen, müsste er die Ausführung erleben[15]. Da ist mehr als ein Abstand von
Theorie und Praxis, da liegt der Abgrund zwischen Konzept und Realisierung in
der Politik.

---

9 VII, 167.
10 VII, 315 f.
11 II, 75.
12 IV, 403.
13 VII, 161.
14 II, 69.
15 II, 115.

Es sollte nicht erstaunen, dass die Darstellung von Politik und Staatsmaximen beginnt mit den Grenzen ihrer Wirksamkeit: Am Ende hat ein großer Mann die noch größere Macht der Verhältnisse (an)erkannt: seine Grenzen. Dieser Vorbehalt muss am Anfang stehen.

2. Rationalität des Regierens

Das Kind der Aufklärung kennt keine höhere Regierungsmaxime als vernünftiges Handeln, durchaus im Sinne der kritischen Rationalität seine Zeit: „Es gibt kein anderes Ziel als die Herrschaft der Vernunft"[16] und darin den vollen Genuss all dessen, was der Mensch vermag[17]. Die öffentliche Moral kommt aus der Vernunft und deren aufklärender Wirkung, man kann diese letztere nicht mehr zurückdrängen[18]. Vernunft und Gerechtigkeit (équité) sind die beiden primären Grundlagen der Hohen Politik[19]. Denn die Vernunft überwindet die Unwissenheit und führt zur Überzeugung von der Notwendigkeit der gesetzlichen Ordnung[20]. Dieser Rationalismus führt zu einer deutlichen Zurückhaltung gegenüber „Gefühlen", gefühlsgeprägter Politik: Sie gehören in den Bereich einer Tradition[21], aus welcher eben gesetzgeberische Entwicklung heraus führt. In einer plastischen Formulierung, die typisch ist für die Sprache der Tagebücher, heißt es: „Das Herz eines Staatsmannes darf nur in seinem Kopf sein"[22] – unter selbstkritischem Hinweis auf die Heirat mit Marie-Louise. Doch in heutigem Verständnis bedeutet dies eine Mahnung nicht nur zu unsentimentaler, sondern zu emotionsfreier Politik, in welcher auch Gefühlsausbrüche, etwa des Zorns, in kalkulierter Weise vernunftgesteuert sind[23]; Aufbrausen soll berechnend erfolgen, um Gesprächspartner zu prüfen[24].

Rationale Kühle bis zur Kälte durchweht denn auch das ganze Mémorial, trotz so manchem warmherzigen, je begeistertem Wort: Sich vom Vernünftigen entfernen bedeutet sich selbst verlieren.

3. Revolution – Tradition – „Alter der Institution"

a) 1789 bedeutete eine radikale Wende gegen jedes Herkommen, gegen die Tradition als solche. Rechte, welche sich (nur) auf sie stützten, galten grundsätzlich

---

16 I, 313.
17 III, 241.
18 VII, 32.
19 VII, 44.
20 I, 464.
21 A. a. O.
22 IV, 390.
23 IV, 131 f.
24 VI, 103.

als obsolet. Napoleon sah sich in diesem entscheidenden Punkt von Anfang an am
Scheideweg: Sollte er als Kind der Revolution groß werden – oder alte Tradition
als Befrieder einbinden? Lange hat er einen Mittelweg versucht: Traditionen selbst
neu zu schaffen. Sein Bestreben, an Altehrwürdiges anzuschließen, wurde von dessen Vertretern abgelehnt, und nicht nur von den „Ostmächten" Russland, Öster-
reich und Preußen; Im Inneren hat es ihn viele Sympathien der alten Revolutionäre
gekostet. Dieses Dilemma hat ihn bis ins Exil verfolgt: einerseits in der Hoffnung,
doch noch im Europa der Restauration gebraucht zu werden, zum anderen in der
Überzeugung, dabei nur als Vertreter des unaufhaltsam vordringenden, vor allem
englischen Liberalismus von politischem Gewicht zu sein. Dieses Grundproblem
seines ganzen Lebens kommt in den Tagebüchern in einer noch immer gespaltenen
Grundhaltung zum Ausdruck.

b) Die Französische Revolution war nicht aufzuhalten – dessen war er sicher;
allenfalls hätte man „mit einer Hand die Großen schlagen, mit der anderen dem
Volk Zugeständnisse machen müssen, die Revolution aufnehmen, um sie zu kor-
rigieren"[25], diese Chance wurde vertan, um sie wahrzunehmen, kam er historisch
ja auch zu spät; „und die Gegenrevolution muss, selbst wenn man sie laufen lässt,
unentrinnbar in der Revolution aufgehen"[26] – eine tiefe Erkenntnis, welche nicht
nur die spätere französische Geschichte bestätigen sollte, sondern viele politische
und vor allem geistige „Konterrevolutionen" des 20. Jahrhunderts, vielleicht auch
noch folgender Jahrzehnte. Immerhin hat die Französische Revolution entscheidend Neues gebracht, insbesondere in ihrer großen Gleichheit, die bis in die Staatsorganisation der Departements hinein wirken sollte, wie in einer Betrachtung ihrer
institutionellen Entwicklung festgestellt wird[27]: und sie war mehr eigentlicher
Ausgangspunkt moralischen Aufstiegs – beschrieben mit dem drastischen Wort:
„. . . wie denn auch die schmutzigsten Misthaufen die nobelste Vegetation hervor-
bringen"[28].

c) Deutlich zeigt sich hier aber schon die tiefe, grundsätzliche Ablehnung des
Revolutionären als solchen im napoleonischen Denken: „Gut ist was ruhig ist",
was jedem Einzelnen die Möglichkeit zu „verhältnisgemäßem Genuss" bietet[29],
ein deutlicher Bezug auf nationalökonomisch-eudämonistische Vorstellungen von
einem Wohlfahrtsstaat pour le plus grand bien du plus grand nombre. Die Revolution ist deshalb schlechthin ein Unglück, weil sie alle privaten Interessen schwer-
wiegend beeinträchtigt. „Es ist die große Zahl dieser privaten Verletzungen, welche zur allgemeinen Unruhe wird und die politischen Umwälzungen so bitter, so
hasserfüllt, so gewalttätig werden lässt"[30]. Ein Glück ist es noch, wenn sie nicht

---

25 VI, 94 f.
26 III, 41.
27 VI, 140 f.
28 VII, 32.
29 VI, 94 f.
30 VI, 101.

die Familien zerreißt und die besten Freunde zu Gegnern macht[31]. Auflösung der Gesellschaft nicht nur, sondern Vergiftung menschlicher Beziehungen – das ist die Erfahrung eines Mannes, der Vieles getan hat, um dem entgegen zu wirken, manches auch, um es noch zu verschärfen. Eines ist sicher: Revolutionsromantik verträgt sich nicht mit napoleonischem Rationalismus.

d) Auf dem Hintergrund solcher Gedanken über Revolution ist nun auch die Haltung gegenüber allem Herkommen zu sehen und Versuchen, neue Traditionen aufzubauen.

Tradition ist in Geschichte verankert, sie ist eine Form rechtlicher und politischer Begründung aus ihr. Und Napoleon, der dies nur im Sinne eines rationalen Wahrheitsgehalts verstehen konnte, hat ein distanziertes, wenn nicht gebrochenes Verhältnis zu dieser Historie: „Die so viel berufene geschichtliche Wahrheit... ist nur zu oft lediglich ein Wort". Mitten im Fluss der Ereignisse ist sie „unmöglich", lässt sich nicht finden, kann nicht wirken und es folgt das große aber bittere Wort über diese Geschichte: sie ist meist nur „une fable convenue" – vielleicht könnte man es übersetzen als ein „konsensgetragenes Märchen"[32].

e) Doch Traditionen sind eine Kraft, wenn sie erneuert werden – und hier spricht der kleine Korse, der Kritiker und Bewunderer zugleich der Aristokratie: Er sah in ihr den einzigen Halt einer Monarchie, ihre Mäßigung, ihren Hebel und Widerstand zugleich, und dasselbe gilt auch für eine „vernünftige" Demokratie: Sie hätte die Trümmer der Aristokratie zu ihren Zielen einsetzen müssen, „mit den historischen Namen den modernsten Institutionen ein Alter verleihen"[33]. Gerade hier wollte er „regenerieren"[34], denn: „Die Stärke der Aristokratie liegt in ihrem Alter, in der Zeit, und das war das Einzige, was ich nicht schaffen konnte"[35]. Der alte Adel sollte durch einen neuen, einen „positiven", einen Verdienstadel ersetzt werden, dadurch sollte Frankreich und Europa mit ihm versöhnt werden. Das ist nun gescheitert; er wollte „neue große Familien gründen, wirkliche Versammlungszentren, Fahnen in den großen nationalen Krisen" – aber diese Familien haben keine Gesellschaft geschaffen, sondern sich nur mit sich selbst beschäftigt[36].

Weiter ist Napoleon mit einem staatstragenden oder gar staatsrechtlichen Elitedenken nicht vorgedrungen, sieht man von der großangelegten Schaffung eines konkursgestützten Bildungssubstrates ab, das aber erst weit später wirken konnte (vgl. unten XII). Hier lag eine seiner historischen Schwächen, darin bleibt er auch der Gegenwart eine Antwort schuldig – über Eliten. Doch was sollen Große wie er sagen über solche, die allenfalls größer werden dürfen?

---

[31] VI, 100.

[32] VII, 310 f.

[33] V, 36.

[34] V, 39 / 40.

[35] V, 36.

[36] VI, 169 f.

4. Strenges – mildes Regieren

Dies war eine Grundfrage, welche sich die politische Theorie seit Macchiavelli stellte, und vor allem im 18. Jahrhundert – im Mémorial wird sie nicht als solche grundsätzlich aufgegriffen, obwohl man dies doch von jenem hätte erwarten können, den so viele als Gewaltherrscher ablehnten, andere als Versöhner bewunderten. Diese Problematik, welche Politologie und Staatsrecht auch in der Gegenwart begleitet, wird nur in einzelnen Äußerungen aufgegriffen, die eben von der einzelfragenbezogenen Pragmatik des Diktierenden zeugen.

a) Ein Lob der Strenge als solcher (zu den Strafen vgl. unten XI, 3) klingt selten an. Nur einmal entschlüpft ihm – in der Aufwallung eines Augenblicks; Las Cases – dass ein Eroberer grausam sein müsse, mit einem Bedauern, dass er dies nicht gewesen sei, dass er damit die Welt erobert hätte[37]; eine Apologie des Scheiterns zu Beginn der Verbannung; und an anderer Stelle wird die illegale Entlassung eines Generals als „tyrannischer Akt" durch die „großen Umstände" gerechtfertigt[38]. Er kennt eben den Zug seines Volkes, aus dem er kommt, zur Familiarität: nur ein „Heiligenschein der Angst" verhindert, dass einem auf die Schulter geklopft wird[39].

Allgemein soll vielmehr gelten: Ein Regime kann nur aus seinen Prinzipien heraus leben, nicht allein aus Strenge[40] – eine bewundernswerte Formulierung, gerade für einen Verfassungsstaat. „In unserer Zeit" dürfe der Souverän nur Wohltaten verbreiten – Akte der Strenge müssen über andere geleitet werden[41], Nachgeordnete: eine Maxime, welche auch heute die Strenge Verwaltung und Gerichten überlässt, politische Geschenke, bis hin zur Amnestie, dem Volkssouverän und seinen Vertretern vorbehält. Derartiges liegt dem parlamentarischen Petitionsrecht seit langem zugrunde und wird teilweise im verwaltungsrechtlichen Beschwerdeweg als ein Grundsatz „hierarchisch nach oben abnehmender Strenge" praktiziert.

Immer wieder wird der Unterschied zwischen jenem Despotismus betont, den man ihm vorwarf, und der Diktatur, die er ausgeübt habe[42], auch durch seine Präfekten als deren Helfer: Dazu hätten ihn die Umstände gezwungen, und er hätte die Zügel entspannt, bis auf die unterste Ebene, sobald die Lage es erlaubt hätte[43].

Im konkreten Fall nötiger Strenge sollte diese immer durch Berechnung ihrer Wirkungen gemäßigt[44] oder als Informationsmittel betrachtet werden[45]. Und Dro-

---

[37] I, 366.

[38] III, 112.

[39] VI, 104.

[40] II, 291.

[41] III, 380.

[42] IV, 389.

[43] VII, 133.

[44] IV, 131 f.

[45] VI, 103.

hungen finden ihren tieferen Sinn darin, dass die angedrohte Strenge nicht zum Einsatz kommen soll[46].

b) Ein Hohelied auf die Milde des Regierens wird von einem Napoleon niemand erwarten. Sie lag für ihn schon in der dargestellten kontrollierten Strenge, in einer „festen und gemäßigten Regierungsform"[47] sowie darin, dass „der Souverän selbst als eine Wohltat erscheinen muss[48]; und die für ihn so wichtige Freundschaft (vgl. unten 6) darf nicht mit Nachgiebigkeit verwechselt werden, so wenig wie das Verständnis für politische Feinde (vgl. unten 7). Eine überschäumende Persönlichkeit konnte im Übrigen Gunstbeweise nur im großen Stil verteilen – und erwarten, dass sie dann aber auch sogleich dankbar angenommen würden[49].

„Großes Prinzip" eines solchen Mannes aber war es, „jede Rückkehr der Vergangenheit zu verhindern, die Vergangenheit völlig zu begraben"; auf frühere Meinungen kam er nicht zurück, einen vergangenen Akt wollte er nicht ächten. Dies galt selbst für die „Königsmörder", die für den Tod Ludwig XVI. gestimmt hatten. „Ich billigte nicht ihre Überzeugung, aber ich hatte mit ihr nichts zu schaffen; war ich ihr Richter?"[50]. Ablehnung jeder Vergangenheitsbewältigung also als Regierungsmaxime, kein Gericht über die Vergangenheit: Milde oder politisches Kalkül? Jedenfalls eine Mahnung an die Gegenwart.

5. Menschenkenntnis

Diesem Grundproblem aller Regierenden, allgemein wie in ihren Beziehungen zu Freund und Feind (i. Folg. 6, 7), hat der Verbannte nur unsystematische, aber doch zahlreiche Bemerkungen gewidmet, welche nicht nur sein stets durchbrechendes Temperament zeigen, sondern immer wieder auch Weisheiten einer langen Machterfahrung. In ihren skeptischen Grundtönen schwingt allerdings Enttäuschung mit, manchmal auch ein Rechtfertigungsbedürfnis, wie es eben der Gescheiterte empfinden musste.

Gesichtszüge oder Worte eines Menschen sollten nie dessen Beurteilung beeinflussen, das hat ihm eine lange Erfahrung mit Denunziationen gelehrt[51]; zu oft ist die Intrige geschickt, das Verdienst ungeschickt, diese Extreme berühren sich[52]. Alle äußeren Zeichen trügen, nicht genug kann man sich vor ihnen in Acht nehmen. Mit Sicherheit lassen sich Menschen nur beurteilen, wenn man sie (länger) beobachtet, sie auf die Probe stellt, mit ihnen umgeht[53]; gerade ein Aufbrausen ist

---

46 II, 83.

47 II, 75, 321.

48 III, 380.

49 VI, 352.

50 VI, 382 f., vgl. auch II, 431.

51 III, 401.

52 VI, 125.

53 V, 87.

oft die einzige Gelegenheit, Menschen zu prüfen, in einem Augenblick die Nuancen eines Charakters zu erkennen – ein Experiment für alle, die wenig Zeit haben, Informationen zu sammeln[54].

Sein schwerer Fehler, sein grundlegender Irrtum war es, Gegnern immer seine eigene Urteilskraft und Erkenntnis ihrer wahren Interessen zuzutrauen. Hohe Intelligenz darf andere nicht nach sich selbst beurteilen[55]. In dieser Versuchung ist sie keine Chance der Menschenkenntnis; sie sollte sich in großer Vorsicht üben, in napoleonischer Skepsis, dann kommt sie denen näher, die sie durchschauen will.

6. Freundschaft in der Macht

a) Das gibt es nicht, darüber spricht der Kaiser nie. Was sich im Mémorial findet, sind einzelne machttechnische Anweisungen über Beziehungen zu nahe Stehenden. Rationale Kälte – oder eine letzte Scham, tiefe, dauernde Gefühle zu zeigen, Schwäche zuzugeben im Unglück?

Von denen, die seine Freunde sein wollen in seiner Verlassenheit wird dieser Mensch – natürlich – ganz anders gesehen, auch wenn sie vielleicht nur verliebt sind in ihre Freundschaft zu ihm. Las Cases rühmt als seine wertvollsten Eigenschaft, neben einem „großen Sinn für Gerechtigkeit", einen natürlichen Zug zur Anhänglichkeit[56]; und er selbst betont rückschauend, er habe sich nur sehr schwer von denen trennen können, mit denen er angefangen hatte: Hatte sich jemand mit ihm in ein Boot begeben, so war ihm der Gedanke fremd, ihn ins Meer zu werfen, er musste dazu gezwungen werden.

b) Doch weit näher beleuchtet ihn eine Aussage aus der ersten Zeit der Verbannung: Er habe stets selbst entschieden, andere könne er für Fehler nicht verantwortlich machen, allenfalls noch für falsche Informationen, nie für falschen Rat[57]. Hier spricht eine stolze Führergestalt, in Distanz zu ratenden Freunden, letztlich zu jedem Rat: Zu Unrecht habe man ihm vorgeworfen, Ratschlägen nicht gefolgt zu sein – das hätte nur andere Unsicherheiten zur Folge gehabt. Beratung ja – aber keine Hingabe an beratende Freunde, sondern stets einsame Entschlüsse. Die Macht hat keine Freunde, will keinen Rat.

c) Freundschaft muss belohnt werden, sie lässt sich nicht kaufen. Belohnungen sollten im großen Stil erfolgen[58] und soweit möglich in Ehren, nicht in Geld, denn Geldgier der Würdenträger darf nicht gefördert werden[59]. Der „Parvenu auf dem Thron" hatte auch hier kein Verhältnis zum Geld, weil ihm die Freude am Eigen-

---

[54] VI, 103.
[55] VI, 41.
[56] II, 52 f.
[57] I, 415.
[58] VI, 352.
[59] VII, 136 f.

tum fehlte[60]. Der tiefere Hintergrund aber ist wieder, wie immer, die Macht: sie lässt sich nicht kaufen, auch nicht über Freundschaften. Deshalb verkündet er mit Stolz: nie habe er eine Stimme oder eine Partei gekauft, mit Geld oder Ämtern. Was er seinen Ministern gab, war verdient, und es war gerecht, dass Mitarbeiter bezahlt wurden[61] – nicht Freunde. So bleibt die Freundschaft entweder etwas tief Innerliches, über das der Politiker, der Staatsmann nicht spricht – oder sie wird zum Austauschvertrag. Und übrigens gilt gerade solchen Nahestehenden gegenüber: Ungeschicktes Lob ist schädlicher als Kritik[62].

7. Feinde

Ein großer Mann wird, muss Feinde haben. Seine Bemerkungen sind aber hier allgemeinere Machtmaximen, in einer souveränen Schau. Auch über sie spricht er kalt, leidenschaftslos, berichtet Las Cases ganz allgemein. Man fühlt, dass er der Verbündete seiner grausamsten Feinde werden könnte, mit demjenigen zu leben vermöchte, der ihm am wehesten getan hat[63]. Bosheit ist eben zwar eine individuelle, nie eine kollektive Erscheinung[64]; aber auch Verräter verdienen Verständnis – für Verfehlungen, die sich aus den Umständen erklären[65]. Nicht zuletzt deshalb ist jede Vergangenheitsbewältigung abzulehnen, die Vergangenheit zu begraben[66] – von Verzeihung ist nicht die Rede.

Gegen politische Verleumdungen ist auch die Macht – machtlos. Aber es genügt ein Sieg, ein Monument, um sie zu überwinden[67]. Mit Fakten muss man auf sie antworten: Ein schönes Monument, ein gutes Gesetz, ein neuer Triumph zerstören tausend Lügen; „Reden vergehen, Fakten bestehen"[68]. Und die Wahrheit braucht die gewonnene Schlacht zu ihrer Beschäftigung[69]; das weiß der Siegreiche, auch unblutige Politik muss wissen, dass Erfolge – Wahrheit bedeuten, mit ihr aber nur werden Verleumdungen und Feinde überwunden.

Dieses allgemeine Kapitel über Politikgrundsätze und Regierungskunst zeigt bereits, was im Folgenden immer wiederkehren wird: ein politologisches System wird nicht geboten, kein grundsätzliches Kapitel über Staatskunst als solche lässt sich aus dem Mémorial gewinnen: Napoleon ist eben kein homme à système, Sys-

---

[60] I, 214.
[61] I, 357.
[62] I, 218 f.
[63] I, 414.
[64] I, 464.
[65] I, 416.
[66] VI, 382 f.
[67] II, 111.
[68] I, 218 f.
[69] III, 41 f.

tem ist er nur in seiner Persönlichkeit, deren vielfältigen Kräften. Mit ihren erupti-
ven allgemeinen Gedanken beleuchtet er hier aber bereits weit mehr punktuell als
flächendeckend, in einzelnen Lichtern, nicht in verbreiteter Helligkeit. Gerade deshalb erleuchten diese Strahlen weit über seine Zeit hinweg auch noch heute so
manche Problemfelder – weil sie stets doch einzelne Wahrnehmungen waren,
Apercus, als solche ganz konkret.

III. Demokratie, Verfassung, Grundrechte

Dieses Kapitel bietet Erstaunliches nicht nur in seiner Aktualität für die Gegenwart, sondern auch in manchen Schwerpunktbildungen wie einzelnen Inhalten, die
man aus dieser Zeit so kaum erwarten sollte.

1. Demokratie

a) Von der seit langem, vor allem aber im 18. Jahrhundert geläufigen Einteilung
der Staatsformen in Republik und Monarchie geht auch der Kaiser aus: Beides sind
gleichermaßen gute Regierungsformen, richten sie sich doch auf dasselbe Ziel[70].
Doch dies gilt nur in der Theorie, nicht aber in der Praxis. Denn die Vielherrschaft
kann in Anarchie, die Einherrschaft in Despotie enden, und dann ist auch sie verloren. Einen Mittelweg gilt es daher zu beschreiten; doch dies sind Wahrheiten, die
banal geworden sind, räumt er ein, nachdem darüber Bücher bis zum Überdruss
geschrieben worden sind und weiter erscheinen werden[71] – ohne Nutzen. Wer wird
dies bestreiten?

b) Der Demokratie – die bereits als solche genannt wird – gelten durchaus die
Sympathien des Korsen: Sie schafft die (neue) Souveränität[72], indem sie die Rechte und Legitimität der früheren Staatsform(en) zum Erlöschen bringt.

Nach der Französischen Revolution war diese Republik eine faktische und zugleich rechtliche Regierungsform, legitim durch den Willen der Nation, sanktio-
niert durch die Kirche und die Zustimmung der Völkergemeinschaft[73].

Darin liegt eine dreifache Gleichsetzung: Politisches Faktum und Recht, Legiti-
mität und Legalität, vor allem aber Republik und Demokratie. Ist diese einfache
Vorstellung nicht den gelehrten, praktisch aber weithin nutzlosen Distinktionen der
Staatslehre des 19. Jahrhunderts weit voraus?

Die Demokratie fasziniert den Verbannten: Sie ist der großen Wut mächtig, man
kann sie zu Emotionen bringen – die Aristokratie bleibt immer kalt[74], aber sie hält

---

70 II, 321.
71 VII, 161.
72 III, 43.
73 VI, 140 f.
74 VII, 101.

damit eben auch jene Souveränität, welche die Demokratie schafft[75]. Und die Masse, das Volk, ist als solches der Bosheit unfähig[76].

c) Aber dieser selbe Volkssouverän ist auch eine Quelle politischer Gefahren.
Nach seinem Charakter liebt er nur das Provisorische und – daher, eine bedenkenswerte Gleichsetzung – die Verschwendung, alles für den Augenblick, für Kapricen,
nichts auf Dauer. Und welche großartige, dauernde Monumente hätte man nicht
mit den „falschen Ausgaben" für Feste, Bälle, Feuerwerke errichten können, deren
Folgelasten (oft) die ihrer Veranstaltung erreichten[77] – für viele demokratische
Politiker der Gegenwart eine eigentümliche und doch eine bedenkenswerte Über-
legung. Mehr Konsens werden wohl die resignierenden Feststellungen zur Volks-
führung durch Propaganda finden: „Wie doch die Menschen sind – leichter kann
man sie beschäftigen, mehr beeindrucken durch Absurditäten als durch richtige
Ideen"[78]. Dennoch, vielleicht gerade deshalb ist es besser, Völker durch Könige
führen zu lassen als Könige durch Völker: denn wer vermag diese zu bremsen, sind
sie erst einmal in Schwung geraten?[79]. Gefahr droht schon dort, wo in der Masse
die Vorstellung sich verbreitet, Staatsleitung könne im Wettbewerbsverfahren
bestellt werden – damit rechtfertigt der Verbannte die erblichen Throne für Mit-
glieder seiner Familie[80]. Die Revolution fasziniert ihn, doch die Angst vor ihr hat
ihn begleitet.

d) Dieses Volk zu leiten, ihm auch nur zu begegnen ist schwer. Weit schwieriger
ist es noch, zu einer großen Masse von Menschen zu sprechen und ihnen nichts zu
sagen – als zu einer größeren Zahl von Menschen, von denen die weitaus meisten
einem tatsächlich kaum bekannt sind[81]: eine Bemerkung heute zu den Unterschie-
den zwischen Reden in Medien und in Versammlungen. „Volksschmeichelei" –
von ihm „Popularität", neuerdings „Populismus" genannt, gehört zum allgemeinen
Negativvokabular, damals wie in der Gegenwart, allerdings mit einer erstaunlichen
Begründung: ihre Folge sei nur stärkere Hassbereitschaft[82]. Das Erlebnis des
begeisterten Empfangs nach seiner Rückkehr aus Elba hat den Kaiser aber tief geprägt: Nun war das Volk nicht mehr der Pöbel, welchen der General zur Ordnung
führen und dann regieren wollte; jetzt gilt die Maxime: Nur auf die Massen und
durch die Massen wirken![83] Und eine Politiklehre auf höchster Ebene wird so verkündet: „Männer, welche die Welt verändert haben, konnten dies nie dadurch erreichen, dass sie die Führer gewonnen haben, sondern stets durch die Bewegung der

---

75 III, 43.
76 I, 464.
77 V, 182.
78 VI, 303.
79 II, 373.
80 VI, 260.
81 VI, 124 f.
82 II, 82 f.
83 VI, 203.

3*

Massen. Das erstere Mittel gehört in den Bereich der Intrige und führt immer nur zu sekundären Ergebnissen; das zweite jedoch ist der Weg des Genius und ändert das Angesicht der Erde"[84]. Und so muss man sich stets an die Parteimitglieder wenden, nie an die Parteiführer[85].

Da ist mehr als die Erkenntnis vom Heraufkommen der geistig immer höher entwickelten Vielen[86]: Hier wird eine realitätsnahe Wende deutlich, vom früheren, in der Staatslehre und durch seine aristokratischen Paten vertretenen, irgendwie doch immer „abstrakten" Volk zu jenen „Massen", welche der Siegreiche auf seinen Schlachtfeldern bewegte. Diese auf St. Helena wohl noch kaum bewusste Schwenkung, mehr Intuition als Erkenntnis, sollte bald die vom Sozialismus geprägten sozialen Staatsbewegungen des 19. und 20. Jahrhunderts beherrschen: Die Massen sind etwas anderes und mehr als das Volk der herkömmlichen Staatslehre-Demokratie. Dieses Volk zählt im Grunde nicht für den großen Realisten militärischer und politischer Bewegungen und Schlachten. Für ihn ist „das Volk" nicht der staatsrechtlich gebändigte und gezähmte Souverän, welcher, auch in der Gegenwart wieder, eingesperrt werden soll in Verfassungsinstitutionen; es ist die Masse, weil in diesem Begriff bereits Macht mitgedacht ist. Wird demokratische Zukunft diese napoleonische Unterscheidung und Erkenntnis eines Tages wieder bewusst werden lassen, vielleicht – vollziehen?

2. Verfassung – Volksvertretung – Wahlen

a) Dies ist für den einstigen Herrscher kein zentraler Staats-, weil eben kein Machtbegriff mehr, wenn er es denn je war. Mit Constitutionen hatte er regiert, weil es die noch wirkende revolutionäre Bewegung so wollte; doch nun ist nur mehr von seinen „guten Gesetzen" die Rede[87]. Sein Stolz ist der Code civil, nicht seine Verfassungen, die nichts waren als auswechselbare Regierungsinstrumente. Die neue Verfassungsstaatlichkeit der Amerikaner kommt auf St. Helena ebenso wenig vor wie die beginnenden Verfassungsversuche der Restauration, allen voran in Bayern, dem Aufnahmeland seines Stiefsohnes.

b) Näher lag da schon der englische Verfassungszustand und damit Volksvertretung und Parlamentarismus als Betrachtungsgegenstand – und zugleich als Problem einer Machtpolitik. In diesem Sinn wäre er im Jahre 1814 bereit gewesen, Europa hinreichende Verfassungsgarantien zu geben, vor allem England, „dessen Religion er übernommen hätte", denn: „Die beiden Völker waren an diesem Punkt angekommen: dank ihrer beiden Parlamente wäre jedes Volk zum Garanten des anderen geworden"[88]. Und er erwähnt seine Antwort auf einen Bericht von Benja-

---

[84] III, 103.

[85] II, 431.

[86] Vgl. VI, 260.

[87] Vgl. etwa I, 218 f.

[88] II, 379.

min Constant: „Bringen Sie mir Ihre Ideen: Freie Wahlen? Öffentliche Diskussionen? Verantwortliche Minister? . . . Ich will das alles"[89]. Denn das Ergebnis von Wahlen muss von Regierenden geachtet werden: Immerhin schwand Napoleons republikanischer Glaube in dem Augenblick, in welchem das Direktorium die Wahl des Volkes missachtete[90].

c) Diesem republikanischen Glauben standen aber die Erfahrungen mit den Parteien und ihren Vertretern in den Kammern entgegen: „Ein Club erträgt keinen Chef auf Dauer; er braucht einen für jede Leidenschaft"[91] – liegt dort nicht ein tieferer Wahrheitsgehalt für alle politischen Parteien, welche sich gerade in der Gegenwart immer häufiger zur jakobinischen Clubidee offen bekennen, sich in ihren Organisationen und Aktionen dem (wieder) nähern (müssen), wollen sie nicht in Honoratiorenverkrustung erstarren?

Nicht nur für die französischen Kammern nach Waterloo gilt das bittere Wort des von ihnen Verlassenen: „Dies ist der wahre Weg vielzähliger Gremien: sie gehen aus Mangel an Einheit zugrunde, sie brauchen Führer ebenso wie die Armeen"[92]. Diese Qual in der Wahl und nach ihr – wann ist sie deutlicher geworden als in der Gegenwart? Immerhin aber steht hinter diesen Worten doch auch ein Bekenntnis zur „politischen Schlacht im Parlament", wie Napoleon dies wohl sehen würde.

d) Eine nicht nur leise Ironie klingt an, wenn das Gespräch auf „die Versammlungen" kommt – allgemein, vor allem aber mit Blick auf die Parlamente. Jeder Leser des Moniteur Universel der Revolutionszeit wird auch heute noch bestätigen: Dies liest sich „amüsant wie ein Roman"[93] – auf die Lektüre moderner Parlamentsprotokolle lässt sich dies allerdings kaum übertragen; und fraglich ist auch, ob dort noch etwas feststellbar wäre von „jenen bizarren Dingen, die eben mit großen (gesetzgebenden) Versammlungen verbunden sind"[94]. Für den Kaiser-General war dies ein Machttheater, das durchaus sein Interesse fand, mochte hier auch etwas wirken wie eine „Metaphysik der Versammlungen", die sich aber mit seinen natürlichen Neigungen wohl vertragen habe[95]: immerhin war es ja Macht-Spiel.

Ob dies alles heute nicht eine geistige Wiederentdeckung verdient, in neuen Sichten und Untersuchungen von Ausdrucksformen des Parlamentarismus? Jedenfalls dürfte es nicht nur in gehorsamen parlamentarisch-politologischen Hofberichten geschehen; da müsste etwas sein von napoleonischer ironischer Distanz . . .

e) Der parlamentarischen Regierungsverantwortung, einem Zentrum seiner damaligen „praktischen", nicht normativen, so oft anglisierenden Verfassungsgedan-

---

[89] II, 386.
[90] II, 424.
[91] IV, 396.
[92] III, 29.
[93] IV, 339.
[94] IV, 174.
[95] V, 169.

ken, hat er ein bitteres Wort der Kritik gewidmet: „Die absolute Gewalt muss nicht lügen; sie schweigt. Die verantwortliche Regierung muss reden, daher verschleiert sie und lügt unverschämt"[96]. Dieser politische Redezwang der Regierung, aus ihrer „Verantwortung" heraus, die dauernde Rechtfertigung verlangt, auch ohne dass ihr Fragen gestellt werden – ist dies nicht ein tiefes Medienproblem der neuesten Zeit, zugleich eine Gefahr für das (angeblich) kontrollierende Parlament? Und überdeckt nicht dieses wenn nicht „lügnerische", so doch notwendig verschleiernde „Regierungsreden" (und -handeln) geradezu erstickend „das Schweigen der Lämmer", der Herde des Volkssouveräns und seiner Vertreter? Hier wird – soweit ersichtlich wirklich in eigenständiger Weise – das Rede- und Aktionsbedürfnis der „Basis" einmal nicht nur dem der Volksvertreter gegenübergestellt, die Wurzeln des Problems werden im verschleiernden Aktionismus, im Bedürfnis einer verantwortlichen Regierung gesehen, sich ihm hinzugeben.

Liegen hier nicht Ansätze einer neuen Verfassungstheorie, auch wenn nicht so sehr normative Verfassungsstrukturen betrachtet werden als vielmehr politische Verfassungsmechanismen?

Was hätte ein Napoleon auch anderes sehen können als eine „Verfassung im Marsch", wohin – zur Freiheit und Gleichheit?

3. Freiheit

Napoleon ist nicht ein Mann der Freiheit, sondern der Gleichheit. Auf diesen – wenn auch vereinfachenden – Nenner lassen sich seine Äußerungen bringen; gerade darin ist er so mancher, nicht aller Gegenwart nahe. Die Freiheit hat er in ihren revolutionären Auswüchsen erlebt, sie musste dem Herrscher immer verdächtig erscheinen.

Nicht als ob er sich gegen die Freiheit als solche stellen wollte. Neben Wahlen und Ministerverantwortlichkeit akzeptiert er auch sie, aber eher beiläufig[97] und wegen ihrer faktisch-politischen Mächtigkeit, die man nur schwer durch selbst harte Eingriffe beschränken kann[98]. Eingeschränkt aber darf sie werden, wenn die Umstände es erfordern, und sie werden dies dann auch entschuldigen[99]. Doch Freiheitsbegeisterung schwingt nicht mit, wenn er England rät, nachdem es doch mit allem handle, auch „Freiheit zu exportieren": man würde sie doch zu hohen Preisen abnehmen, Bankrottgefahr bestünde für ein solches Unternehmen nicht, „denn die moderne Freiheit ist wesentlich moralischer Art und verrät ihre Engagements nicht"[100]. Darin liegt einerseits eine deutliche Distanzierung: Freiheit als Ware, nicht als Wert – eine Vorwegnahme gegenwärtiger angelsächsischer Politik des

---

[96] IV, 192.
[97] II, 386.
[98] VII, 161.
[99] VII, 300.
[100] VI, 120.

Demokratieexports; zum anderen verlangt diese Freiheitsverbreitung keinen allzu großen „Einsatz", sie bedeutet kein Risiko für die Macht – eben weil die Umstände ihre Freiheitsbeschränkungen ja doch rechtfertigen werden. So mancher gegenwärtiger Politik mag dies aus dem Herzen gedacht sein: Freiheit – mehr „Pathos im Vertrieb" als Ethos effektiver Machtbeschränkung. Und überhaupt gilt die ja auch später immer wieder konsensgetragene Beruhigung: Freiheit ist eine Frage der Erziehung, kein Gewaltakt; langsam nur kann sie wachsen[101].

Napoleon ist gestürzt worden im Namen der Freiheit, gerade auch von Deutschen: Für ihn war sie ein Machtphänomen, Ware und Widerstand, letztlich eine Gefahr, nicht eine Überzeugung, Freiheitsdogmatik muss stets wissen: Staatsmänner denken so, so könnten sie stets handeln.

4. Gleichheit

Ganz anders denkt Napoleon über die Gleichheit, auch wenn er sie nicht ständig im Munde führt. Sie berührt ihn tief innerlich, und sein Verstand hat erkannt, dass hier das Zentrum der Französischen Revolution lag, der Mittelpunkt seiner Zeit und der Zukunft. Er hat sie mit Worten gefeiert, die für ihn fast schon einen Hymnus bedeuteten: Die Gleichheit der Rechte, d. h. die gleiche Möglichkeit für jedermann zu erhoffen, zu verlangen, zu erlangen, war einer der großen Charakterzüge Napoleons, von Geburt an lag es in seiner Natur – so kommentiert Las Cases, um ihn sodann sprechen zu lassen: „Ich erinnere mich: bevor ich Souverän wurde, war ich Untertan, und ich habe nicht vergessen, welche Macht des Gefühl der Gleichheit über die Phantasie hat, wie lebendig es wirkt auf die Herzen"[102].

So gab er denn einem Staatsrat für ein Projekt die Worte mit: „Vor allem keine Beeinträchtigung der Freiheit und viel weniger noch der Gleichheit. Denn die Freiheit kann man zurückdrängen, wenn es denn unumgänglich ist, die Umstände verlangen es und werden uns entschuldigen, die Gleichheit aber um keinen Preis, Gott bewahre! Sie ist die Leidenschaft des Jahrhunderts, und ich bin das Kind dieses Jahrhunderts und will es bleiben"[103].

Diese Gleichheit sollte die Passion nicht nur seines Jahrhunderts sein, sondern, gerade in diesem emotionalen Sinn, auch die der (beiden) folgenden. Diese Gleichheit ist auch die Rechtfertigung für seine Grundidee vom Verdienstadel, denn „es gibt wirklich nur eine einzige Art von Menschen"[104] – eine gleiche. Was ihn allerdings nicht an längeren Ausführungen hindert über die Ungleichheit von Mann und Frau[105].

---

[101] VII, 134.
[102] VIII, 300.
[103] A. a. O.
[104] VII, 308.
[105] IV, 137 ff.

Der eigentliche Grund für die Gleichheitsbegeisterung des Herrschers ist wohl wiederum nur ein machtpolitischer. Chateaubriand hatte für die Wende von der Freiheit der Französischen Revolution zur Autorität des Korsen die ebenso einfache wie heute noch gültige Erklärung gegeben: Beide kamen aus einer Gleichheit, die auch dem Kaiser nützte in ihrer und seiner „Macht durch Nivellierung". Und es war dies immerhin nicht nur eine Freiheit der Chancen, zu Forderungen, sondern auch von deren Durchsetzung, also materielle Gleichheit[106].

5. Grundrechte: Bewegungsfreiheit, Eigentum, Meinungs- / Pressefreiheit

In den Tagebüchern kommen „die Grundrechte" als solche nicht vor, jener Katalog von Menschen- und Bürgerrechten, welcher die Revolution hervorgebracht und in all ihren Phasen begleitet hat. Machtdenken kennt eben keine Grundrechte. Schlaglichter fallen nur auf einige machtpolitische Grundrechtszentren:

a) Die liberalen Ideen sind eine unwiderstehliche Macht; Napoleon nennt sich ihren ersten Soldaten, ihre Wahrheiten sieht er durch (seine) Schlachten bestätigt[107]. Ihre Zentralforderung, die Freiheit eines universellen Wirtschaftsaustausches in vollständig unbehinderter Schifffahrt, ist die Folge des Endes des Kolonialsystems für Frankreich und den ganzen europäischen Kontinent[108] – eine Vorwegnahme der Entwicklung von vielen Generationen. Auch in diesem Europa sollte unter ihm Bewegungsfreiheit herrschen, über eine weit verbreitete französische Staatsbürgerschaft, zugleich als Ausdruck der Hegemonie einer starken Nation. Vielleicht war dies nur eine spätrömische Reminiszenz; denn sonst begegnet hier weit mehr das Interesse am organisierenden Verwalten als Begeisterung für wirtschaftliche Freiheit(en). Wirtschaft als politische Macht war noch nicht entdeckt.

b) Ein Paradox: Das Eigentum, jenes „unverletzliche und geheiligte Recht" der universellen Menschenrechtserklärung von 1789, war für den Restaurator der bürgerlichen, auf dieser Berechtigung beruhenden Ordnung kein Anliegen: „Ich hatte Geschmack an der Gründung (fondation, also auch: Stiftung), nicht am Eigentum", so heißt es lapidar schon am Anfang des Mémorial[109]. Oder sollte dies vielleicht heißen: Freude am Gewinnen, nicht am Besitzen? Geldgier war ihm fremd, und er wollte sie in seiner Umgebung, in seinen Diensten unterdrücken[110]. Wirkliche Macht sieht eben über Eigentum hinweg, über diese kleine Herrschaft. Nur Eigentumsordnung durch Steuern (vgl. auch unten X) ist im Mémorial ein Gesprächsgegenstand, im Sinne einer staatlichen Schiedsrichterstellung über wirtschaftspoliti-

---

[106] VII, 300.
[107] III, 41 f.
[108] IV, 208.
[109] I, 214.
[110] VII, 136 f.

schen Spannungen zwischen eigentumsgestützten Interessengruppen[111]. Eigentum als Schutzwall gegen die Macht, als Hort der Freiheit – für Napoleon konnte dies kein Thema sein. Eigentum als staatserhaltende Kraft? Das mochte stillschweigende Vorgabe sein, immerhin aber war es durch die Revolution diskreditiert, allenfalls nach Verdienst neu zu verteilen. Doch auch darüber wird nicht nachgedacht; die Hände der Macht sollen daran nicht so offen rühren, vielleicht damit sie sich nicht mit Gold beschmutzen.

c) Von ganz anderer Intensität ist das Interesse an der Meinungs- und Pressefreiheit. Denn hier geht es ja um die Öffentliche Meinung, eine wirkliche Macht. „Sie ist unsichtbar, geheimnisvoll, unwiderstehlich; nichts ist mehr in Bewegung, unsicher und unbestimmt – nichts ist stärker. So kapriziös sie ist, sie ist dennoch wahrhaftig, vernünftig, gerecht, viel öfter als man glaubt"[112]; und selbst despotische Staatsgewalt kann jene freie Rede nicht ganz unterdrücken[113], aus der sie kommt; und sie ist einem Sturzbach vergleichbar[114].

So ist Napoleon denn für grundsätzlich unbeschränkte Pressefreiheit, für Einschränkungen nur, wo dies unumgänglich ist[115]; sie ersticken zu wollen wäre absurd[116]. Denn – und hier spricht sogleich wieder der Machttechniker, nicht der Wertedogmatiker: Man mag darüber diskutieren, wie stark die Presse ist, ob sie von sich aus Machtverschiebungen bewirken, jede Regierung stürzen kann – oder ob Gefahr nicht nur droht, wenn man sie beschränkt, sie jedoch in ihren politischen Wirkungen schwach bleibt, lässt man sie unbegrenzt agieren. Dies letztere ist für den Kaiser keineswegs sicher, doch darum geht es gar nicht mehr. Denn es gibt eben heute Institutionen – und die Pressefreiheit gehört dazu – bei denen man nicht mehr zu fragen hat, ob sie gut sind, sondern nurmehr, ob es überhaupt noch möglich ist, sie der unaufhaltsamen öffentlichen Meinung vorzuenthalten.

So ist denn die Zensur in einer repräsentativen Staatsform schockierender Anachronismus, ein wirklicher Wahnsinn[117]. Immerhin denkt er aber darüber nach, ob man nicht, um eine Sintflut übler Publikationen zu vermeiden, ein Gericht schaffen sollte, besetzt mit Vertretern der Universität und der Regierung, welches Druckwerke beurteilen sollte unter Gesichtspunkten der Wissenschaft, der Moral und der Politik[118] – eine der wenigen zeitgebundenen Stellen in den Tagebüchern.

(Politische) Briefkontrollen sind unnötig, kosten zu viel und berauben den Souverän seiner besten Freunde, die ihn morgens beleidigen mögen, abends aber wie-

---

[111] VII, 124 f.

[112] I, 426, fast ebenso VI, 321.

[113] VII, 161.

[114] IV, 227.

[115] II, 74; VI, 275.

[116] II, 386.

[117] IV, 227.

[118] VI, 275.

der bereit sind, ihr Leben für ihn einzusetzen[119] – gewiss eine Lehre auch noch für heutigen politischen Umgang mit Kontrollen, Denunziationen, Abhöraktionen.

Die Bilanz des Mémorial zu Verfassung und Grundrechten mag im Grundsätzlichen wenig befriedigen; sie ist dennoch nicht nur historisch aufschlussreich als Dokument der Zeit eines eben erst beginnenden Konstitutionalismus. Nicht wenige Schlaglichter fallen aus dieser noch ganz realitäts- und machtnah denkenden Periode auf die weit fester normierte Gegenwart des Verfassungsrechts, auf seine sich bald schon ideologisierenden Strukturen. Sie werden hier aus einer unbekümmerten politischen Distanz erhellt, welche nicht selten eine Kritik wagt, der auch heute noch Verbannung drohen könnte – heute wieder.

IV. Gesellschaft, Soziales

1. Staat und Gesellschaft

a) „Die „Gesellschaft als solche" ist für Napoleon durchaus ein Machtfaktor und damit auch ein Gegenstand seiner Betrachtungen im Exil. Sie wirkt vor allem, in einer für Recht und Staat unfassbaren Weise, auf die Politik ein, über eine „allgemeine Meinung" (vgl. oben III, 4c), welche ganz selbstverständlich mit der in Presseorganen veröffentlichten gleichgesetzt wird. Daraus allein schon folgt, dass es grundsätzlicher Überlegungen über das „Verhältnis von Staat und Gesellschaft" nicht bedurfte, welches eben als solches erst mit dem Heraufkommen des Sozialismus zum Problem wird (vgl. unten 2). Auf die Gesellschaft in einem so allgemeinen Sinn kann denn auch diese Staatsmacht kaum einwirken, durch Anordnungen, Hausdurchsuchungen, Redebeschränkungen[120].

b) Gerade zum „Thema Gesellschaft" ist bemerkenswert, was auf St. Helena *nicht* behandelt wurde: Zunächst schon „Der Bürger" als Grundlage und Ausgangspunkt der Gesellschaft.

„Der Bürger" stand in der Französischen Revolution in einem ganz neuen Sinn im Mittelpunkt von Politik und Staatlichkeit. Nun war er nicht mehr die Arbeitsbiene des Ancien Régime, eingebunden in vorbestimmte Ordnungen. Als „Aktivbürger" sollte er den Staat tragen und mitgestalten – aber eben als ein „individuelles Staatsorgan", nicht als Glied einer außerstaatlichen Gesellschaft. Der „unaufhaltsame Liberalismus"[121] hatte ja den Einzelmenschen auf seine Fahnen geschrieben, nicht ein neues Gesellschafts-Kollektiv. Dieser Einzelne, nicht eine hinter ihm stehende Gesellschaft, diente dem Kaiser in seiner Armee, organisatorisch integriert in das wehrhafte Zentrum der Staatlichkeit. Aus staatlicher Sicht war damit „Gesellschaft" in erster Linie ein Organisationsproblem für den Kaiser: Der Staat

---

[119] II, 72 f.

[120] VII, 161.

[121] III, 41 f.

stand hier diesen vielen einzelnen Bürgern gegenüber, ihm stellte sich primär eine Gleichheitsaufgabe (vgl. oben 4), nicht die der Potenzierung einer Freiheit, welche die Vielen, vor allem mit ihrem Eigentum (vgl. oben III, 5 b), zur gesellschaftlichen Gegenmacht hätte werden lassen. So kennt denn das Mémorial schon kaum den „Bürger" als Grundlage einer Gesellschaft, er wird nur am Rande im Zusammenhang mit der Staatsbürgerschaft erwähnt[122]. Eine aus seinem Selbststand erwachsene Gesellschaft kann bereits deshalb nicht grundsätzlicher Betrachtungsgegenstand sein.

Eine Lehre für die Gegenwart: Die Staatspolitik der Aufwertung des „Bürgers", ständige Hinweise auf seine Persönlichkeit, seine Interessen – all das bedeutet noch keineswegs notwendig Anerkennung oder gar Achtung vor einer Gesellschaft als solcher, sondern (zunächst) nur Individualisierung, wenn nicht gar Atomisierung eines Herrschaftssubstrats, welches sodann machtkonform in Gleichheit organisiert werden kann.

c) Ebenso wenig wie der „Bürger" kommen seine gesellschaftlichen Zusammenschlüsse im Mémorial vor, Zünfte, Vereine, Verbände. Die Zerstörung der „Zwischengewalten" (Pouvoirs intermédiaires) zwischen Individuum und Staat galt dessen früherem Herrscher offensichtlich als eine Errungenschaft, die nicht rückgängig zu machen war. Eine Vertretung außerstaatlich-gesellschaftlicher Interessen durch derartige Zusammenschlüsse erreicht den politischen Blickkreis der Tagebücher allenfalls in einem, allerdings doch bemerkenswerten und der Revolution gegenüber veränderten Zusammenhang, der einen anderen Begriff der „Gesellschaft" erkennen lässt: die Oberschicht.

„Société" war durchaus ein dem 18. Jahrhundert bekannter Begriff, etwa als Zusammenschluss von Gelehrten. Die Revolution hatte auch nicht so sehr gegen ihn Front gemacht als gegenüber den „associations", den verzunftenden Vereinigungen. Eine einheitliche „Société als die Gesellschaft" kommt zwar, als „großes Kollektiv" in den Gesprächen am Rande vor, etwa in der Bemerkung, das Böse sei eine individuell-menschliche, nicht eine gesellschaftliche Erscheinung[123]. Daneben aber ist offenbar ein bereits allgemeiner Sprachgebrauch gegenwärtig, in dem „Société" die „höhere", die „bessere" Gesellschaft bezeichnet, jenen Adel und ein Großbürgertum, das im „Faubourg" (St. Germain) wohnte und sich traf und dort die „gesellschaftliche Meinung" bildete.

Diese gebildete Oberschicht war für Napoleon stets ein Machtfaktor, dieses Phänomen forderte noch in der Verbannung seine – hier nun wirklich „gesellschaftliche" – Organisationsphantasie heraus. Das Machtzentrum seines Kaiser-„Hofes" sollte die Sitten des Volkes verbessern durch „Zwischen-Gesellschaften", die es aber (noch) nicht in hinreichendem Maß gab. Dies sind „Vereinigungen von Charme", in denen sich die „Vorteile der Zivilisation genießen lassen". Mit der Revolution sind (diese) Salons verschwunden und können sich nur langsam wieder

---

[122] III, 285 ff.

[123] I, 464.

bilden. Denn ihre notwendigen Grundlagen sind Müßiggang und Luxus, die es in einem „bewegten Volk" nicht geben kann[124]. Und so haben denn die „neuen großen Familien" der Kaiserzeit (noch) keine Gesellschaft geschaffen, sondern sich mit sich selbst beschäftigt[125].

Immerhin aber gab es also bereits diese Oberschicht, ihre Regeneration war eingeleitet, wenn auch noch nicht befriedigend gelungen. In ihr stand auch dem neuen, autoritären Staat etwas gegenüber wie eine „Gesellschaft", wenn auch nicht (mehr) als normativ organisierte Zwischengewalt früherer Prägung.

Diese Betrachtungen zur politischen Soziologie sind auch heute noch, bei allem zivilisatorischen Abstand, von tieferer Bedeutung. Immer wieder bringt ja gesellschaftlicher Reichtum jene Welt des Luxus hervor, in der sich neuerdings durchaus „geschäftlich-wirtschaftliche Bewegung" und Aktivität mit außerberuflich-familiärem Müßiggang verbinden kann, und sei es im Namen einer Privacy, welche einem Napoleon wie seinem Hof natürlich fremd sein musste. Ein solches Leben „in gesellschaftlichem Chic" lässt sich daher zwar gewiss nicht (mehr), wie der korsische Emporkömmling gehofft hatte, „von oben steuern", durch eine staats-gesellschaftliche Instanz, und es „verbessern sich" durch ihr Wirken, jedenfalls ihr Vorbild, auch kaum die „Sitten des Volkes" in einem von der Macht gewünschten Sinn, vom Stammtisch hin zum Golfclub. Doch der gesellschaftliche Einfluss von „Müßiggang und Luxus" auf die Staatspolitik ist nach wie vor Realität. Hier „ist Gesellschaft", staatsfern vielleicht, aber nicht fern der Macht.

2. Soziale Gedanken

a) Napoleon war kein Sozialreformer im Sinne des Sozialismus. Die in seiner Zeit bereits literarisch gestellte und vom Verfassungsrecht der Jakobiner 1793 aufgenommene soziale Frage hat er in der Verbannung als solche nicht sehen wollen. Seine Chancengleichheit, bis hin zum Verdienstadel, war kein „sozialer" Weg, der Blick richtete sich für Wenige nach oben, nicht auf Viele nach unten. Hinter all dem stand letztlich nur aufklärerische Überzeugung: dass das Ende der Unwissenheit allgemeine, vor allem wirtschaftliche Prosperität bringen werde[126]. Dieses Licht der Aufklärung wird nur dann erlöschen, den Vielen gar zum Schaden gereichen, wenn die Herrschenden, entgegen den Interessen des Volkes, „die unterste Klasse zum Tod im Elend" führen; denn dann wird es „immer mehr Geister geben, die sich zur Wehr setzen oder gar zu Kriminellen werden"[127] – denkende Menschen, Intellektuelle.

Auch dies mögen nicht Äußerungen eines Sozialreformers sein, sondern eines Vertreters armenpolizeilicher Staatsmacht, aber es sind Worte eines Sozialprophe-

---

[124] II, 339 f.
[125] VI, 169 f.
[126] I, 464.
[127] A. a. O.

ten, der den Übergang der Aufklärung in den Sozialismus ebenso kurz wie unwiderleglich beschreibt.

b) Doch jenseits von solchen sozialpolitischen Grundsatzfragen finden sich im Mémorial Worte, welche das wache Machtgespür des früheren Herrschers für soziale Befindlichkeiten zeigten. Jener Mann, der seinen Grenadieren, ihrer Not, ihrem Tod so viele Jahre lang nahe war, der sich mit dem einfachen Mann über dessen Lage wenn nicht mehr, so doch lange Zeit lieber unterhielt als mit seinen ordensgeschmückten Marschällen – er hat nicht nur den Kontakt mit den Massen gesucht[128], was die Macht noch immer zu sozialem Engagement führen musste, er hat die soziale Lage beobachten, erkennen wollen.

In den Tagebüchern wird, nicht als Faktum, sondern als Regierungsmaxime, berichtet[129], dass er oft (halb) verkleidet ausging, sich unter das Volk mischte, „insbesondere unter die Arbeiter, deren Lage und deren Einstellung er kennen lernen wollte". Dies riet er auch seinem Polizeichef und nannte es „Kadi-Polizei", die man selbst ausüben kann; sie sei am wirksamsten.

Gewiss war dies zunächst noch immer Armenpolizei als Machtpolitik. Für den großen Organisator der Praxis aber stand dahinter stets bereits die weitere Zielsetzung: Umstände der Verelendung darf es nicht geben, sie sind zu beseitigen, zu verhindern. Das mag späterem und gegenwärtigem Sozialismus wenig bedeuten, als „Gutsherren-Art" kritisiert werden – doch welcher soziale, ja sozialistische Regierende sucht noch solche Kontakte mit der Not, ohne Medienwirksamkeit, in menschlicher und damit wahrhaft humaner Anonymität, wer kehrt so in einen Stall zurück, dessen Geruch ihn auszeichnen soll?

Die große napoleonische Macht hat „das Soziale" noch nicht entdecken können, obwohl nicht zuletzt ihre Politik seine Grundlagen hervorgebracht hat. Doch Worte aus der Verbannung sollten auch hier zu denken geben.

V. Moral, Religion

1. Moral und Tugenden als Ordnungskräfte

a) Moral als politische Ordnungsmacht – und nur als solche wird sie im Mémorial angesprochen – ist für den Verbannten von großer, unwiderstehlicher Bedeutung. Ausgegangen ist der moralische Aufstieg von der Französischen Revolution und er wird sich fortsetzen. Weil die höheren Klassen sich nicht mehr wie bisher dem Müßiggang hingeben können, wird eine aufgeklärte Zeit kommen. In ihr mag diese moralische Fortschrittsbewegung zwar aufgehalten, sie kann aber nicht rückgängig gemacht werden; denn die öffentliche Moral kommt aus der Vernunft und

---

[128] VI, 203.
[129] VI, 386.

deren aufklärenden Wirkungen[130]. Vernunft und Arbeit als Grundlagen dieser öffentlichen Moral, Genuss und Müßiggang als Gefahren für sie – wie modern das
klingt. Diese öffentliche Moral ist die „natürliche Ergänzung aller Gesetze, sie ist
für sich allein schon ein Gesetzbuch"[131]. Dies darf allerdings nicht als einfache
Übernahme jeweiliger gesellschaftlicher Vorstellungen verstanden werden, denn
diese Moral ist von einer ganz anderen Art:

b) Für Napoleon ist Moral stets individuell, die „öffentliche Moral" ist keine
Überzeugung eines Kollektivs, einer Gesellschaft, die ja als solche weder Gutes
tun kann noch Böses; sie erwächst aus dem Verhalten Einzelner[132].

Dies gilt auch für die Regierenden. Ihre Unmoral infiziert die ganze Gesellschaft
wie eine wahre Pest; sie ist eine Geißel der Nation[133]. Demgegenüber heißt es allerdings an anderer Stelle, Könige handelten kaum je unmoralisch, dies sei meist
ein Verhalten lediglich von „zwischengeschobenen Intriganten", von zweitrangi-
gen Offizieren[134]. Dennoch hält er dann wieder seinem politischen Gegner Pitt vor,
seine abscheuliche „politische Schule" hinterlasse als Erbe „einen unverschämten
Macchiavellismus, eine tiefe Unmoral, kalten Egoismus, Verachtung für das
Schicksal der Menschen oder die Gerechtigkeit in den Dingen"[135].

Moralisches Verhalten ist Aufgabe der Regierenden nach ihrem Gewissen[136],
und es ist schwer[137]; denn auch für sie gilt eben, dass Fehlverhalten wie Tugend
aus den jeweiligen Umständen kommen[138]. Sexualmoral beschäftigt ihn im Zusammenhang mit früheren Herrschern, wenn er über die Mätressen seiner Vorgän-
ger nachdenkt – Montespan, Pompadour, Dubarry: lebhaft diskutierten die Verbannten hier „über Prinzipielles", zu den unterschiedlichen Auffassungen über dieses Thema von Macht und Vergnügen. Der Kaiser „amüsierte" sich dabei, zwischen ihnen hin und her zu schwanken – schließlich ging es ja auch
(stillschweigend) um so manches Vorkommnis in seinem eigenen Leben. Am Ende
aber entschied er „als Mann der Ehre und der Moral"[139] . . .

c) Doch ein Moralist war dieser Machtmensch nicht – und kein Immoralist. Über
ethische Inhalte hat er nicht näher nachgedacht, sie waren ihm kein säkularisierter
Religionsersatz im Staat, eher etwas wie eine letzte individuelle Stütze der Geset-
zestreue, und das Ergebnis eines – seines – „Toujours travailler"; dies war, wenn

---

130 VII, 32.
131 A. a. O.
132 I, 464.
133 VII, 31.
134 VI, 36 f.
135 VII, 122 f.
136 I, 358 f.
137 VI, 261.
138 I, 416.
139 IV, 358.

überhaupt, eine Ethik der Leistung, nicht des eudämonistischen Genießens. Und sie musste hinnehmen, dass jeder nur nach seinen eigenen Interessen handelte, dass es „alte Tugend" nicht mehr gab[140].

Über Einzelheiten sich zu verbreiten lohnte sich für ihn hier nicht, schon weil die Staatsmacht diese individuellen Entscheidungen nicht zu beeinflussen vermag. Eher am Rande unterläuft eine wächter-staatliche Bemerkung: Nach den Kriegen sollten „menschenfreundliche Inspektionen" eingerichtet werden, überall als „Spione der Tugend" wirken und die Bettelei bekämpfen. Doch dahinter stand eben ausdrücklich „Berechnung", nicht Moral[141], nicht einmal soziales Empfinden.

2. Religion als persönliche Überzeugung und als Instrument der Macht

a) War Napoleon ein religiöser Mensch, wie tief haben religiöse Gefühle sein Herrschen geprägt? Diese Frage wollte sein Chronist mit einem langen kaiserlichen Zitat aus einem Gespräch im Juni 1816 beantworten[142]: Es ist ein Bekenntnis zu einem „Unglauben", der nicht aus Libertinage kam, sondern „nur aus der Kraft der Vernunft". „Alles spricht für die Existenz eines Gottes. Aber alle unsere Religionen sind offensichtlich Kinder der Menschen. Warum gab es so viele? Warum hat die unsere nicht von jeher bestanden? Warum beanspruchte sie Ausschließlichkeit? Was ist aus den Tugendhaften vor uns (vor ihr) geworden? Warum haben sich die Religionen derart kritisiert, bekämpft, ausgemerzt? Warum ist das immer und überall geschehen? Weil die Menschen immer Menschen sind, weil die Priester überall geschickt Betrug und Lüge verbreitet haben". Deshalb: „Ich bin weit davon entfernt, ein Atheist zu sein, gewiss nicht; aber ich kann nicht alles glauben, was man mich lehrt, entgegen meiner Vernunft, sonst wäre ich unehrlich, heuchlerisch". Jemand hatte gewagt, ihm zu sagen, er werde am Ende noch fromm werden. Mit Überzeugung antwortete er, er fürchte, das werde nicht geschehen und er bedaure es.

Unter dem Kaiserreich und vor allem nach seiner Heirat mit Marie-Louise habe man alles versucht, ihn, nach Art der früheren Könige, nach Notre-Dame zu bringen, um dort im großen Pomp die Kommunion zu empfangen: „Ich habe mich geweigert und gesagt, ich sei nicht gläubig genug, dass dies mir zum Heil gereichen könnte, zu gläubig aber doch noch, um mich kalt einem Sakrileg auszusetzen".

Kann es klarere Worte eines Menschen geben, der an Gott glaubt, seine Religion nicht aufgeben will, und doch nicht alles für wahr halten kann, was sie ihn lehrt? Hat nicht dieser Wanderer zwischen den beiden Welten des Glaubens und der Vernunft in diesen wenigen Sätzen für unzählige Zweifelnde der kommenden Jahrhunderte gesprochen?

---

[140] V, 39 f.

[141] V, 68.

[142] IV, 159 ff.

b) „So groß ist die Unruhe des Menschen, dass er dieses Vage und Wundersame braucht, das sie ihm bietet", die Religion[143]. Gerade der Rationalist der Macht mit seinem strengen Rechtsdenken bedarf in seiner Verbannung des Trostes dieser ewigen Gerechtigkeit. „Welche Macht haben Menschen und Dinge über mich, wenn ich mein Unglück und meine Leiden mit Blick auf Gott ertrage, künftiges Glück als ihren Ausgleich erwarten darf? Worauf hätte ich kein Recht... der ich so viele Untaten hätte begehen können, keine begangen habe. Vor diesem Gericht Gottes kann ich erscheinen, sein Urteil erwarten ohne Angst"[144]. So mischt sich Selbstrechtfertigung des unglücklichen Verbannten in seinen tiefen Glauben, wie seine tiefen Zweifel. Und schließlich kann der Mensch nichts wissen, nichts ausschließen für seine letzten Augenblicke, auch nicht Beichte, Vergebung der Sünden[145].

c) Doch sogleich spricht wieder der Herrscher, der Staats-Kirchenpolitiker, seine Gedanken überdecken wieder das persönliche Bekenntnis. „Sobald ich die Macht hatte, beeilte ich mich, die Religion wieder herzustellen. Ich bediente mich ihrer als Grundlage und Wurzel (der Herrschaft). In meinen Augen war sie die Stütze der guten Moral, der wahren Prinzipien, der guten Sitten". Die Menschen sollten all das bei ihr finden, es nicht bei Wahrsagern und Betrügern suchen.[146].

d) Für den Katholizismus hat er sich nach der Revolution entschieden, weil er den Papst in Paris wollte, die religiöse Welt durch ihn regieren – und weil es seine eigene Religion war[147] – fast klingt es wie eine Entschuldigung von Religion aus Tradition. Er rühmt sich eines Unglaubens, der ihn befähigt habe, so viele verschiedenartige Völker zu beherrschen, in wahrer Toleranz[148]. Doch für Frankreich, für Europa, ist die Einheit von Religion und politischer Gewalt unumgänglich – England, Russland, Deutschland werden so regiert[149]. Eine Schwäche der früheren Gewalt der Könige lag darin, dass der Papst von ihnen zu weit entfernt war[150]. Hier findet sich also ein unverhohlenes Plädoyer nicht nur für Gallikanismus, sondern für einen vollen Cäsaropapismus, mit einem offenen Bekenntnis zu einem Einsatz der Kirche und ihrer Priester als Amtsträger der kaiserlichen Herrschaft – und dabei muss der Kirchenpolitiker anerkennen, dass ihm bisher die öffentliche Meinung Frankreichs hier nicht gefolgt wäre[151]. Doch eine große Maxime beherrscht für ihn alles: Die Staatsmacht darf nie ans Dogma rühren; wenn ihm dies von kirchlicher Seite vorgeworfen wurde, wich er sogleich von seinem Weg ab,

---

143 IV, 160.

144 IV, 162.

145 IV, 161.

146 IV, 160.

147 V, 338 f.

148 IV, 164.

149 V, 341 f.

150 V, 338 f.

151 V, 343.

um auf einem Umweg sein Ziel zu erreichen[152] – eine machttaktische Mahnung auch für die Gegenwart, nie religiöse Gefühle zu verletzen; und sie gilt auch für höchste Gerichte.

Doch mit den Priestern, den Vertretern dieses Dogmas, darf und muss sich die Staatsmacht beschäftigen, da es ja gilt, sie für sich einzusetzen. Napoleon hält ihnen vor, sie mischten sich in die irdische Macht ein: „Ich bin von Priestern umgeben, die ständig wiederholen, ihr Reich sei nicht von dieser Welt, und sie ziehen an sich, was immer sie können. Der Papst ist das Oberhaupt dieser Religion des Himmels, und er beschäftigt sich nur mit der Erde"[153]. Hier spricht der groß konzentrierende Vereinfacher: diese wenigen Worte treffen ins Zentrum des Staats-Kirchenrechts.

Eben diese Geistlichen sollte nun seine irdische Macht für sich einsetzen. Sie sollten zugleich Landwirtschaft und Medizin studieren, weniger vom Dogma sprechen. Es bliebe ihnen doch noch immer „die Moral", „ein so schöner Gegenstand der Beredsamkeit". Dann könnten sie auch öffentliche Positionen einnehmen[154]. Und hier findet sich sogar eine Bemerkung zum Sozialen: Ein Recht auf Altensicherung sei Priestern einzuräumen[155].

e) Der Priestermangel beschäftigte ihn gerade deshalb, weil er hier eine zweite Staatsorganisation aufbauen wollte. Dieser Mangel ist so groß, dass man vielleicht eines Tages daran denken muss, Priester und Nonnen wie Soldaten auszuheben. Die Weihen sollten sie erst spät empfangen, wie es dem rationalen Selbstentscheidungsrecht der Aufklärung entsprach. Doch die Bischöfe traten für ein Alter von 16 Jahren ein; schon Kandidaten mit 21 Jahren ließen sich kaum mehr finden[156]. Nach zwei Jahrhunderten haben sich Lösungsansätze geändert, nicht die tieferen innerkirchlichen Probleme, welche auch heute durch das öffentliche Wirken der Religion sogleich zu staatlichen werden.

f) Beim Thema der Klöster zeigt sich die radikale und zugleich pikante Kritik des Korsen in Bemerkungen, wie sie noch Generationen später kirchenpolitische, ja religiöse Diskussionen im engeren Sinn bestimmen sollten – und welche weithin eine Entwicklung vorwegnahmen: Im allgemeine steht er den Klöstern ablehnend gegenüber, ihrer „abstumpfenden Untätigkeit". Doch sei auch einiges zu ihren Gunsten anzuführen. Daher sollten sie geduldet, Mönche und Nonnen aber gezwungen werden, sich nützlich zu machen, über etwas wie kurz befristete Arbeitsverträge. Gelübde sollen nur ein Jahr gelten[157]. Ähnliche Gedanken einer – wenn auch nicht so radikalen – Aktivierung und „Verzeitlichung" des Klosterlebens finden sich auch heute noch in innerkirchlichen Auseinandersetzungen.

---

152 V, 330.
153 IV, 463.
154 VII, 249 f.
155 VII, 251 f.
156 V, 111 f.
157 V, 108 ff.

Für die strengen Klosterregeln, etwa der Trappisten, hat allerdings der Verbannte nicht nur etwas wie ein psychiatrisches Verständnis: Es gibt eben Charaktere und Denkweisen verschiedenster Art, solange sie nicht schädlich sind, darf man ihnen nicht mit Zwang entgegentreten. Ein Reich wie Frankreich „konnte und musste einige Irrenhäuser haben, Trappistenklöster genannt. Wenn jemand einem anderen ein solches Leben aufzwingen wollte, so würde dies mit Recht als die entsetzlichste Tyrannei angesehen – und doch kann dies zu höchstem Genuss für den werden, welcher es sich aus eigenem Willen auferlegt – so ist eben der Mensch – so bizarr oder so verrückt"[158]. Staatsmacht hat all dies hinzunehmen, solange es (anderen) nicht schadet, vor allem nicht ihr selbst. Maximen auch für Sektenpolitik?

Nach dem langen Gespräch über die Religion ließ der Kaiser das Evangelium holen, las es „von Anfang an" mit seinen Freunden, bis zum Ende der Bergpredigt. Und er zeigte sich begeistert, hingerissen von der Reinheit der geistigen Höhe und der Schönheit einer solchen Moral. Da ist napoleonische Begeisterungsfähigkeit zugleich auch napoleonischer Liberalismus, in der Einheit von Religion, Moral und Macht.

VI. Gesetz(gebung), Gesetzbuch (Code Napoléon)

1. Vom Gesetzgebungsverfahren zur Gesetzgebungstechnik

Die Französische Revolution war angetreten im Namen des Gesetzes. In einer eigentümlichen Verbindung sollten Normativität und Persönliche Gewalt die absolute Souveränität tragen. Auf dem Titelblatt der Collection générale des Décrets rendus par l'Assemblée nationale (Recueil Seguin, 1789–1791) steht die Devise „La Loi et le Roi". Später, in der Jakobinerverfassung von 1793, trat der Volkssouverän an die Stelle des Königs, das Gesetz war nurmehr sein Wille, in Vollendung der Ideen Rousseaus von der „Loi – expression de la volonté générale" (wie es in der Menschenrechtserklärung 1789 heißt). Damit wurde Gesetzgebung zum primären Instrument politischer Machtäußerung, die Ordnung des parlamentarischen Gesetzgebungsverfahrens zum wichtigsten Gegenstand des neuen Verfassungsrechts und zugleich zum zentralen Problem der Machtorganisation. Und dies prägt heute noch die geistige Lage des Staatsrechts, mag es in der grundrechtlichen Ordnung auch immer mehr um materielle Gesetzesinhalte gehen.

Mit dem Aufstieg der napoleonischen Macht sollte sich dieser verfassungsrechtliche Schwerpunkt verschieben. Für die absolute Kaisergewalt war „Gesetzgebungsrecht als solches" kein Grundsatzthema mehr, sie war ein indiskutables Vorrecht des Kaisers als Gesetzgeber. Dem antikisierenden Denken, von der Neoklassik bis zum Empire, konnte dies als eine Wiederkehr der größten aller Gesetzgebungen erscheinen: des imperialen Corpus Iuris des Justinian. Gesetzgebung ist Machtinstrument, als ein solches allein ist sie Gegenstand von Staatsgedanken.

---

[158] V, 108 f.

Nur wenige allgemeine, meist abschätzende Bemerkungen gelten den gesetzgebenden „Versammlungen".[159]

So erklärt sich denn, dass die Verfassungsmechanik parlamentarischer Gesetzgebung kein Gegenstand des Mémorial ist. Die Fragestellung um die Gesetze verschiebt sich dort deutlich vom Gesetzgebungsverfahren zum Gesetzesinhalt, hier wieder mit einem Schwerpunkt bei der Gesetztechnik in ihrer Bedeutung für Rechtsprechung, Rechtsfortbildung – zu etwas also wie einer Gesetzgebungslehre im Sinne der Gegenwart.

2. Vom Gesetz zur Legalität

Das Gesetz mag nicht mehr ein Wort des Volkssouveräns sein oder seiner Vertreter – die Majestät der Gesetze bleibt unangetastet auch für seinen kaiserlichen Urheber. Dass es den „Geist der Gesetze" gibt, von wem immer sie kommen, ist spätestens seit Montesquieu unverrückbares Dogma; und die Revolution hatte ja letztlich nur von dieser hohen Bedeutung des Gesetzes geschlossen auf die eines Gesetzgebers, dessen Souveränität sich aus jenem begründet.

Napoleon war Kind der Aufklärung und Vertreter der Ordnung zugleich, und so konnte er nur verkünden: Je aufgeklärter die Völker sind, desto mehr Menschen wird es geben, die von der Notwendigkeit der Gesetze überzeugt sind, und dass es erforderlich ist, sie zu verteidigen[160].

Dies gilt freilich nur von den Normen, welche eben jener Aufklärung entstammen, nicht von alten Edikten, welche im Notfall von Mächtigen als Reservewaffen für unvohergesehene Fälle eingesetzt werden[161]; eine Warnung vor der Berufung auf Gesetze aus Vorregime-Zeiten.

Und dann findet sich, eher beiläufig, eine Bemerkung, die schon klingt wie eine Beschwörung der Rechtsstaatlichkeit durch denjenigen, welcher doch von so Vielen als Herrscher über Recht und Gesetz umschmeichelt wurde und gefürchtet: „Der König von Piemont war ein echter Feudalherr. Er hatte mehr Macht, mehr Autorität als ich, der ich als Kaiser der Franzosen nur ein oberster Amtsinhaber war, welcher den Lauf der Gesetze zu gewährleisten hatte, von ihrer Anwendung nicht dispensieren konnte... Hätte ich Rechtsfolgen der Gesetze verhindern können, wem auch immer gegenüber?" Zweimaliges „etc." dahinter zeigen, dass der Kaiser diese Ausnahmslosigkeit der Gesetzesanwendung durch ihn selbst noch weiter ausgeführt hat[162]. Die Vorstellung von einem Fürsten oder Führer von übergesetzlicher Willenskraft, als Quelle des Rechts, war unvollziehbar für denjenigen, welcher an das Gesetz als Ausdruck der Vernunft glaubte, als eine höhere Macht

---

159 V, 169.

160 I, 464.

161 VI, 308.

162 V, 176 f.

über Gewalt und Siegen, die jene Ordnung nur zu legitimieren, zu bestätigen, zu halten hatten. Die Diktatur der Macht zur Herrschaft der Vernunft – das war im Grunde bonapartistisches Gesetzesverständnis, so ist in dieser Zeit die Légalité begründet worden, die volle Herrschaft der Normen über alle ihre Adressaten – vor allem auch über ihre Interpreten und Anwender, bis hin zum Souverän.

3. Einfache Gesetze – Gesetzesklarheit – Gesetzesauslegung

Hier stößt die Darstellung auf ein Problem, das den gestürzten Gesetzgeber weiter herrschender Normen mehr beschäftigt hat als so manches andere; hier wird ein geradezu leidenschaftliches Engagement sichtbar:

a) „Mein Code allein hat, durch seine Einfachheit, Frankreich mehr Gutes gebracht als all die vielen Gesetze vor ihm"[163]. Diese Einfachheit des Gesetzes, Spiegelbild einer vereinfachenden Kraft des Rechts, war für Napoleon ein Ideal. In seinen grundlegenden Ausführungen zu Gesetzen, Kodifikationen, Gerichten, Gesetzesanwendung und Auslegung[164] bricht geradezu eine Mathematikbegeisterung des Artilleristen durch:

„Ich hatte zunächst davon geträumt, dass es möglich sein müsste, die Gesetze auf einfache Geometriebeweise zurückzuführen, so dass jeder hätte entscheiden können, der fähig gewesen wäre zu lesen und zwei Gedanken zu verbinden. Aber ich habe mich sehr bald überzeugen müssen, dass dies ein absurder Idealismus war". Dennoch sollten die Gesetze „von einem festen Punkt ausgehen, einen einheitlichen Weg verfolgen, den alle kennen; es sollte keine anderen Normen geben als diejenigen, welche in einer einzigen Kodifikation niedergelegt wären, so dass alles, was dort nicht stünde, nichtig sein sollte". „Denn in der Theorie sind die Gesetze ein Vorbild der Klarheit, doch sie werden nur zu oft ein wahres Chaos in ihrer Anwendung. Die Menschen und ihre Passionen verderben ja alles, was in ihre Hände gerät... Der Willkür des Richters entkommt nur, wer sich dem Despotismus des Gesetzes beugt" – ein einfach-großes napoleonisches Wort.

b) Doch zunächst sollte dieses Ideal der vollen Normierung unerreichbar bleiben, das musste er an dieser Stelle selbst zugeben: „Mit Praktikern lässt sich (hier) nicht leicht Einfachheit erreichen. Sie beweisen zunächst, dass dies eine Unmöglichkeit ist, und sodann wollen sie nachweisen, dass (solche Einfachheit) sogar unvereinbar ist mit der Sicherheit und der Existenz der Macht"; sie müsse eben immer auch auf älteres – heute würde es heißen: ungeschriebenes – Recht zurückgreifen. So fühlte sich denn der gesetzgebende Imperator auch „im Staatsrat sehr stark, solange man im Anwendungsbereich des Code blieb; sobald man auf Gebiete überging, wo er nicht galt, befand ich mich im Dunkeln". Die Vorstellung von der einheitlich-vollständigen Normenordnung, die Kodifikationsidee als solche, wurde

---

[163] I, 465 f.

[164] VI, 307 f.

schon dort relativiert, wo sie sich am mächtigsten in der Geschichte hatte zeigen wollen – eine Mahnung an das ebenso unausrottbare wie nie realisierbare Kodifikationsstreben, an alles Bemühen überhaupt, um größere rechtliche, um einheitliche Ordnung.

c) Auch die zweite gesetzgeberische Illusion des Korsen sollte sich rasch auflösen. Nichts sollte nach ihm gelten, was nicht in seinem Code stünde[165] – also ein Verbot der Weiterentwicklung durch Auslegung, wiederum nach römisch-kaiserlichem Vorbild. Doch „kaum war das Gesetzbuch erschienen, da folgten sogleich, als seine Ergänzung, Kommentierungen, Erklärungen, Fortentwicklungen, Auslegungen, und was nicht sonst noch alles. Immer wieder habe ich dann ausgerufen: Wir haben den Augiasstall gesäubert, belasten wir uns nicht von neuem u.s.w.".

Das Vorrecht des Gesetzgebers, jeden Kommentar abzulehnen, ist kaum je deutlicher beschworen worden. Er konnte nicht ahnen, dass sich gerade an seinem großen Gesetzbuch fast ein Jahrhundert später die stärkste Fortentwicklungsdiskussion entzünden sollte: Par le Code – au delà du Code. Mitgegeben aber hat seine strenge Legalität allen Gesetzesanwendern gerade seines Landes – aber auch darüber hinaus – die Anweisung zu einer streng am Text sich bewegenden Auslegung. Das Recht ist Machtinstrument, aber in den Händen des Gesetzgebers, nicht des Gesetzesanwenders. Und die spätere Gesetzesflut kann sich gerade auf diesen gesetzgeberischen Purismus dessen berufen, von dem das moderne private wie öffentliche Recht ausgegangen ist, wie von keinem anderen: Lieber – noch – mehr Gesetze als weitere Kommentare!

VII. Regierung(sspitze) – Staatsoberhaupt

Auch der Souverän steht, als oberster Amtsträger[166], unter dem Gesetz. Daher entspricht es napoleonischen Gedankengängen, dass in diesen Betrachtungen erst nach der Gesetzgebung über die Spitzenorgane der Regierung, über das Staatsoberhaupt, über den „Souverän" gesprochen werden soll. Bemerkungen über ihn betreffen zugleich, nach heutigem Verständnis, den Staatschef wie die Regierungsspitze, welcher die Bestimmung der „Richtlinien der Politik" obliegt, seinerzeit eine Aufgabe des herrschenden Souveräns.

Damit beginnen auch Ausführungen zu Einzelheiten der Staatsorganisation, welche anschließen an die Politikmaximen (vgl. oben II.). Die Bemerkungen werden nun konkreter, Schlaglichter fallen auf Einzelheiten, nicht selten im Befehlston von Anweisungen des Schlachtenlenkers. Und doch fließt all dies immer wieder zusammen in größere Bilder, in denen auch Staats- und Verfassungsinstitutionen der Gegenwart beleuchtet werden – wenn der Betrachter bereit ist, „zu ihnen hoch zu rechnen". Etwas wie ein staatsrechtlicher Charme für den Leser mag darin lie-

---

[165] A. a. O.
[166] V, 176 f.

gen, dass sich dann ganz unbekümmerte Fragen ergeben, die in der Gegenwart oft (schon seit langem) nicht mehr gestellt werden.

1. Persönliches Verhalten der Regierenden

a) Ausgangspunkt ist die napoleonische Vorstellung vom „Hof" als staatlicher Institution. Früher hieß es: Hof und Staat – jetzt Staat und Hof[167]. Darin sollte sich das viel berufene „L'Etat c'est moi" vollenden, zugleich aber umkehren: Amtsbewusstsein nicht nur beim Souverän, sondern überall an der Staatsspitze, im gesamten gesellschaftlichen Umfeld der Machtträger. Dieser Hof war etwas wie ein gesellschaftliches Herrschaftskollektiv, als solches fester in der Macht als staatsleitende Gruppierungen späterer Zeiten, am ehesten noch vergleichbar jenen „Parteizirkeln", in denen ebenfalls die Gesellschaft, Gruppierungen von ihr, in die Staatsspitze hineinwirken. So wird denn auch gegenwärtig in diesen Kreisen weiterhin „Hof gehalten", für Medien und Interessenträger, wie in alten Zeiten; aus ihnen kommen, in neuer Form, Hofklatsch, Hofberichte. Damals sollte die Würde des Thrones mit den „neuen Sitten" verbunden werden, das Verhalten der genusssüchtigen Granden des Ancien Régime sich bessern, das war der Sinn der Hofetikette[168]. So verstand der Kaiser das Staatstheater, das Protokoll, die Äußerlichkeit der Herrschaft als einen „organisierten Ehrendienst" – ein von ihm geprägtes Wort. Denn einen König gibt es nicht von Natur, sondern nur in der Zivilisation; ein König kann nicht nackt sein, er muss Kleider tragen, wie alle Personen in seinem Ehrendienst[169]. Staatstheater darf für sie aber nicht bürgerförmige Belustigung sein, wie Feste, Bälle, Feuerwerke, die der Sparsam-Unermüdliche ablehnt[170], ebenso wie Privatakte (Essen) des Souveräns in der Öffentlichkeit[171]. Diese Regierungsspitze muss Würde ausstrahlen, die Macht ihres Souveräns – im Grunde bereits die des Staates – überall hin verbreiten.

b) Aristokratische Distanz liegt nicht in dieser Vorstellung von einer obersten Führungssicht und ihrem persönlichen Verhalten; sie ist wesentlich von ihrer Funktion und ihrer Leistung geprägt – von den Staatsaufgaben, und damit vom Souverän selbst. Dieser lebt nicht zum Vergnügen: Früher fuhren Könige nirgendwo hin, es sei denn auf die Jagd; der Verbannte rühmt sich, „sie in Bewegung gebracht zu haben"[172] – nicht nur zu Reisen. Das betrifft heutige herrschaftliche Gewohnheiten nach dem Vorbild früherer Zeit – es ist eine harte Absage an so manche Regierungsvergnügungen der Gegenwart, in welcher unadelige Herrschende die königlichen Freuden der Vergangenheit genießen wollen, vielleicht gar hoffen, ihren Bür-

---

[167] II, 340 f.
[168] II, 327.
[169] V, 101.
[170] V, 182.
[171] II, 337.
[172] V, 13.

gern darin nahe zu sein, von ihnen bewundert zu werden. Solcher Staatsluxus hat keinen Raum mehr in den Gedanken von St. Helena, und nicht nur in der Armut des Exils.

Doch der Regierende muss nicht nur solchem Vergnügen entsagen, er soll aktiv sein dürfen und können. Als nach dem Staatsstreich des 18. Brumaire Sieyès dem siegreichen General Bonaparte eine hochdotierte Spitzenstellung anbieten wollte, musste er sich sagen lassen, und das wurde nochmals aus der Verbannung wiederholt: „Wie haben Sie sich nur vorstellen können, dass ein Mann von auch nur etwas Talent und ein wenig Ehrgefühl sich abfinden würde mit der Rolle eines Schweines, das mit einigen Millionen gemästet wird?"[173] Seine Umgebung auf der Insel hörte dies mit Heiterkeit. Spätere Verfassunggeber haben Protokollpräsidenten vorgesehen, die kaum mehr Macht besitzen, besser: nicht mehr Kompetenzen haben als jener Grand Electeur, dessen Stellung Bonaparte angeboten wurde. Auf sie könnte auch die damalige Einschätzung des Generals zutreffen, sie hätten nur einen „Schatten" eigentlicher Macht. Der Korse hatte durchaus einen Sinn für Ehrenämter, nicht aber für eine Staatsspitze in hochdotierter Untätigkeit. Gibt es nicht noch immer solche staatsrechtliche Abstellgleise unter den Institutionen des Verfassungsstaates, selbst wenn man im Staatsoberhaupt nicht gleich das „Mastschwein im Schloss" sehen will, sind sie nicht eine Gefahr zugleich für politische Effizienz und Staatsmoral?

2. Regieren: aktivitätsgeprägt

a) Die „Souveränität", die oberste Regierungsgewalt, ist ein Amt, das sich „nur in voller Aktivität zeigen darf, Gnadenerweise verteilend, Unrecht ausgleichend, Staatsgeschäfte erledigend, inspizierend, vor allem aber handelnd (auf einer Ebene) über den Schwächen und Bedürfnissen der Menschen... Sein Nutzen, seine Leistungen sollten sein neues Ansehen begründen"[174]. Ministerratsitzungen sind wöchentlich abzuhalten, unter Vorsitz des Souveräns, die „Minister arbeiten gemeinsam vor ihm"[175] – ein deutliches Bekenntnis zur Teamarbeit, zugleich eine Absage an nur formal-kollektive Sitzungen einer Regierung. Die früheren Könige überließen die Arbeit ihren Ministern, beschränkten sich selbst auf Randbemerkungen. Es gab keine Zentralisierung, in der die Aktivitäten der verschiedenen Ministerien hätten koordiniert, auf ihre Bedürfnisse hätte Rücksicht genommen, ihre Entscheidungen hätten geordnet werden können[176] – ein Plädoyer für den entscheidungsstarken Regierungschef, der Aktivität ausstrahlt, und für die „Chefsache".

„Der Kaiser erledigte alles selbst, und fast alles über sein (persönliches) Kabinett. Er entschied über alle Erneuerungen, indem er meist neue Namen einsetzte an

---

173 IV, 401.
174 II, 338.
175 VI, 280.
176 VI, 247.

Stelle derer, welche ihm die Minister vorschlugen[177]", dies wird als eine Erinnerung an Früheres berichtet – in Bekenntnis zur zentralen Bedeutung aller Personalpolitik.

b) Welchen Regierenden der Gegenwart sollte nicht die persönliche Arbeitsweise dieses Genies der Leistung interessieren, bei der es letztlich nur um Staatsgeschäfte ging, um Methoden ihrer Erledigung?

Napoleons Worte sind hier kurz und klar, deutlicher noch als zu vielen anderen Themen[178]. Alle Angelegenheiten sind in drei Kategorien einzuteilen: Unwichtiges wird abgelegt, alles andere sofort bearbeitet; besonders Wichtiges wird kurz aufgeschoben, nochmals durchgesehen, nach einer kurzen Pause beantwortet. Aufschub als solchen gibt es nicht, aussitzen noch weniger. Nachtarbeit ist Gewohnheit, „Nacht bringt Rat".

Diese Schnelligkeit und Konzentration waren das Geheimnis napoleonischer Erfolge. Es ist dies eine Grundentscheidung des Regierungsstils als solchen, geprägt durch militärisches Verhalten: „Letztlich muss man Militär sein, um zu regieren. Man regiert nur mit Stiefeln und Sporen"[179]. Nur in einem solchen Leben entwickelt sich ein derartiger Arbeitsstil. Heute begegnet kaum mehr etwas von derartigem militärischen Verhalten, so wie ja auch „Privatleben Regierender, Urlaub und Erholung für sie" gewiss keine napoleonischen Begriffe sind. Ob sich aus jener wirklich „ganz anderen" Welt noch etwas übernehmen lässt?

c) Militärisch geprägt, und hier wieder typisch und wohl unverlierbar napoleonisch, ist ein weiteres Grundprinzip des Regierens: Feste Gewohnheiten, regelmäßiges Verhalten des Machtträgers darf es nicht geben[180].

Napoleon und Routine sind Gegenbegriffe. Grundsätze schließt dies nicht aus, aber äußeres Verhalten muss die Blitzartigkeit militärischer Bewegungen widerspiegeln. „Der Souverän sollte zu jedem Augenblick und unerwartet erscheinen wie die – Vorsehung". Das war die „neue Schule" des Korsen, meint sein Chronist[181]. Es war nicht der Schrecken des Herrn, der so sich verbreiten sollte, eher eine allgemeine Stimmung von Allgegenwart der Macht, zu deren Wesen eben das Unerwartete, mehr noch das Überraschende gehört. Auch die Parteiführer, Minister, Behördenleiter der Gegenwart können nur auf diese Weise etwas ausstrahlen, was sich Herrschaft nennen lässt; dies ist eine imperiale Lehre, über Regime hinweg. So schwirren die Bienen aus dem Wappen des Korsen, da ist nicht Gewalt, sondern aufweckende, mitreißende Aktivität.

Regierung als harte, schwere Arbeit, als dauerndes Schaffen – das steht über allem, kein Machtgenuss, vor allem nicht dort, wo die Gewalt am stärksten ist.

---

[177] VI, 280.
[178] VI, 277 f.
[179] IV, 403.
[180] III, 18 f.
[181] II, 338.

Was ist nicht verloren gegangen vor dieser strengen, geradezu kantischen Ethik, im modernen, demokratischen Regieren!

3. Orden

Napoleon war der wohl bedeutendste Ordensstifter der Neuzeit. In seinem Denken war dies ein entscheidender Weg zur Entwicklung eines neuen Verdienstadels, eine Wende gegen Belobigung in Geld, gegen politischen Materialismus. So sollten wieder die alten Tugenden belohnt werden in einer Welt, in der jeder nur nach seinen – materiellen – Interessen handelt. Hier gilt es zu regenerieren, nichts zu überstürzen, und gerade darin sind Orden eine königliche Straße[182]. Der Kaiser fühlt das Bedürfnis, sich zu rechtfertigen, weil ihm gerade darin der Vorwurf der Fortsetzung des Früheren gemacht werden könnte, und hier findet sich einer seiner – nicht häufigen – menschlichen Sätze: „Wie viele bedeutende Menschen sind nicht mehr als einmal am Tage Kinder!"[183].

Radikalkritik an Eitelkeit und Äußerlichkeit, wie sie so viele spätere Demokraten oft als billiges Programm vertraten, sollte über solche Psychologie der Politik nachdenken.

VIII. Außenpolitik

1. Völkerrechtliche Kontinuität

Vor Kapiteln zur Innenpolitik, welche für den leidenschaftlichen Organisator auch in der Verbannung noch im Mittelpunkt steht, soll noch einiges zur Außenpolitik Erwähnung finden. Für den Kaiser war dies ein domaine réservé seiner Macht, ein wesentlicher Bereich souveränen Wirkens. Er verband dies meist mit geschichtlichen Betrachtungen der Ereignisse seines Lebens, die hier nicht Betrachtungsgegenstand sind. So sei nur Weniges zur Machttechnik der Außenpolitik berichtet, was Staatsgedanken beinhaltet, was insbesondere in einer Sicht der Kontinuität völkerrechtlicher Beziehungen über die Jahrhunderte auch heute noch als erwähnenswert erscheint.

Der große Neuerer zeigt hier eine erstaunliche Zurückhaltung. Über das Völkerrecht stellt er sich in keiner seiner Äußerungen. Die Notwendigkeit kontinuierlicher Formen der Außenpolitik wollte er ersichtlich nicht in Frage stellen. Hier gab es auch – anders als im Inneren – keinen Raum für grundsätzliche Veränderungen, hier wurden die Grenzen seiner regimeprägenden Aktivitätsideologie deutlich.

Nur in den Grenzen des Völkerrechts und seines Grundsatzes von der Bedeutung effektiver Macht kann regiert werden. In diesem Sinn war Napoleon ein „Herr-

---

182 V, 39 f.
183 II, 329.

scher des Landes", entsprechend einer französischen Tradition, die von einer ewigen Rivalität Land-See so stark geprägt war, dass man hätte glauben können, es gebe zwei Könige; und man entschied sich stets für das Land, nicht aus besseren Gründen, sondern weil hier stärkere Rechte bestanden[184] – und stärkere Bataillone als Flotten, könnte man nach napoleonischer Erfahrung hinzufügen.

2. Spitzengespräche

Die Monarchen, Träger der Außenpolitik, hat er zwar „in Bewegung" gebracht, nicht mehr nur in den herkömmlichen Jagdausflügen[185]. Doch Spitzengesprächen stand er zurückhaltend gegenüber, nach dem Grundsatz: Stets soll der Außenminister verhandeln, weil dieser dementieren kann, der Souverän aber nicht; deshalb sind denn auch in der Außenpolitik Spitzengespräche eine große Gefahr[186] – eine bedenkenswerte Mahnung in einer Zeit, welche in ihrem Namen nicht nur Außenminister politisch abwertet, sondern ganze Diplomatien. Der Kaiser hatte erfahren, dass eine solche „Verpersönlichung der Außenpolitik" zu einer Gefahr für die Staatsmacht werden kann, weil sie internationale Kontakte „aus den Verhandlungen" drängt, in Spitzengespräche, welche entweder in übersteigerter Härte enden können, oder in übereiltem Nachgeben. Wenn Außenpolitik der wichtigste domaine réservé nicht nur der Exekutive ist, sondern der Staatsmacht als solcher, so darf sich diese gerade hier nicht aus der herkömmlichen Reserve der außenpolitischen Technik „von (langer) Verhandlung zum Abschluss" locken lassen.

Dem entsprach auch der persönliche Arbeitsstil des Kaisers in diesem Bereich, an den er sich erinnert. Er verließ sich hier voll auf seinen persönlichen Sekretär, vor dem er keine Geheimnisse hatte. Nur über ihn schrieb er an andere Staatsoberhäupter. Dabei benutzte er äußere Formen, welche sich an herkömmliche Protokolle anlehnten, auf deren strikten Beachtung er großen Wert legte[187].

Die traditionelle Außenpolitik sollte also in ihren formalen Bahnen um keinen Preis verändert werden; es war dies etwas wie ein Ausdruck streng juristischer „Legalität nach außen".

3. Diplomatie

Dieser eigentlich unnapoleonische Traditionalismus findet sich auch in der Einstellung zur Diplomatie. „Im Inneren (so berichtet er) habe ich alle meine Ministerien in solcher Einfachheit organisiert, dass ich sie für jeden zugänglich machte, der nur etwas Hingabe, Arbeitseifer, Aktivität und Arbeitskraft mitbrachte. Eine

---

[184] V, 13.
[185] A. a. O.
[186] IV, 191.
[187] VI, 280.

Ausnahme musste allenfalls für den Außenminister gelten, weil er zu improvisieren hatte und Einfluss zu nehmen durch persönlichen Charme"[188] – so könnte man das ausdrucksstarke Wort „séduire" wohl am besten umschreiben. Hier konnte der Machtträger nicht mehr durch seine Organisations- und Gesetzgebungsgewalt gewissermaßen Verwaltungsentscheidungen vorher bestimmen, hier ging es darum, objektiv Unerwartetes zu bewältigen, sich auf subjektiv Unbekanntes beim Gegenüber einzustellen. Daher musste der Außenminister nicht nur die Person des Staatsoberhaupts vertreten, eine Vorstellung, die sich in der französisch geprägten Diplomatie noch über Jahrhunderte erhalten hat; persönliche Verhandlungsqualität waren – und sind – entscheidend, wie es Talleyrand und Metternich in Wien beweisen sollten. „Jedermann als Diplomat" – daran hat der monarchische Fortsetzer der Revolution nicht gedacht, und dies sollte auch die Personalpolitik der Gleichheitsdemokratie bedenken.

Dass Außenpolitik wirklich etwas ganz anderes ist als alles, was im Inneren geschieht, ist auch Lehre einer Machtpolitik, welche diese Letztere im großen Stil exportieren wollte; und dies müsste eigentlich auch modern-internationalisierende Politik und Organisation beherzigen.

IX. Verwaltung

Administration ist napoleonische Passion. Nach seiner Rückkehr aus Elba hat das Volk ihn begeistert begrüßt, er hat „nicht erobert, er hat verwaltet"[189], er war nicht mehr nur der Kaiser der Soldaten, sondern der aller einfachen Menschen – der Kaiser von ganz Frankreich. Die Verwaltung erreicht die Menschen mehr als der militärische Erfolg, Verwaltung als ein Weg zum Volk – geradezu demokratische Gedanken.

1. Personalpolitik

Verwaltung war für den Organisator stets zu allererst Personalpolitik, darin gerade auch hohe Politik aus der Staatsspitze. Sie kontrolliert nicht nur ratifizierend Erneuerungen, sie gestaltet hier selbst, indem sie systematisch die eigene Auswahl durchsetzt[190]. Personalüberwachung sollte, so war es geplant, flächendeckend durch Kontrollvisiten erfolgen, „Verwaltungssäuberungen" lagen im Programm[191].

Vertrauen in Selbstheilungskräfte der Dienste, Beamtenpolitik von unten – das sind keine Begriffe napoleonischen Denkens. Der autoritäre Verwaltungsstaat ist

---

188 III, 297 f.
189 II, 384.
190 VI, 280.
191 II, 341.

das Ziel, und diese Effizienz bedarf keiner Rechtfertigung. Noch ist hier die liberale Freiheit des selbstbewussten Bürgers nicht im Blickfeld. Der persönliche Kontakt der Beamten zu ihm beschäftigt aber offenbar doch den Organisator. Aus der französischen Erfahrung von Versailles – einem „Stadtbastard" – meint er, eine „Verwaltungsstadt" sei problematisch[192], und dies wohl kaum aus Gründen einer zentralisierenden Effizienz, die ihm doch so wichtig war (vgl. i. Folg. 2), sondern auch, wenn nicht vor allem, wegen eines Verlustes administrativer Realitätsnähe.

Die Spezialisierung ist eine der für ihn wichtigsten „Triebfedern seiner Verwaltung"[193]. Für Regierende, nicht für Verwaltende, gilt zwar die Maxime der Generalisten-Erziehung, es gehe um „allgemeine Kenntnisse, um große Perspektiven". Doch auf die Verwaltung muss auch eine gewisse Praxisorientierung jener Regierenden ausstrahlen[194].

Bemerkenswert bleibt immerhin, andererseits, dass die Persönlichkeit nachgeordneter Administratoren nicht das Denken des Verbannten beschäftigt, nicht einmal ausdrücklich im Zusammenhang mit „seinen Schulen"[195], dem von ihm doch so weit verbreiteten Wettbewerb im Konkurssystem[196]; all dies wird nur angesprochen im Rahmen einer allgemeinen Bildung(spolitik) (vgl. unten XII). Es erreichte dies eben nicht die Allgemeinheit und Höhe, welche die Betrachtungsdistanz von St. Helena verlangt.

2. Zentralisierung

Napoleon ist in die Geschichte eingegangen als der wohl bedeutendste Zentralisator der Verwaltung, und dies widerspiegeln auch seine Staatsgedanken auf der fernen Insel: Er steht voll in der zentralisierenden Tradition der revolutionären Staatsgeometrie, fügt ihrem Rationalismus noch den Schwung des Machtwillens hinzu.

a) Allgemeine Bemerkungen über Dezentralisierung wird man im Mémorial vergeblich suchen, so wenig finden sie sich wie Rücksichtnahme auf örtliche, regionale Besonderheiten: Das eine Frankreich steht im Mittelpunkt. Nur am Rande ist von „lokalen Verbesserungen" die Rede[197], die aber offenbar auch wieder über zentral gesteuerte Kontrollvisiten durchgesetzt werden sollen. Wenn ein Ressort wie das Kriegsministerium zu groß geworden ist „für einen Minister", so muss dort das Gleichgewicht zwischen Zentralisierung und Dezentralisierung verändert werden. Es stellt sich diese Aufgabe in innerorganisatorischer Gestaltung grundsätz-

---

192 V, 184.

193 II, 315.

194 I, 392.

195 I, 466.

196 Vgl. VI, 274.

197 II, 341.

lich in den Verwaltungen: Mittelvergabe ist aufzugliedern, Korrespondenz, und damit Information, muss an der Spitze zusammengefasst werden[198]. Dezentralisierung stellt sich also allenfalls als ein Hierarchieproblem mit Blick auf Effizienzsteigerung des Verwaltens, nicht als eine grundsätzliche Frage der Verlagerung nach unten, des Einsatzes nachgeordneter Verwaltungskräfte. Um Überschaubarkeit von oben geht es, nicht um Mitwirkung von unten.

3. Präfekten als Diktatoren im Kleinen

a) Noch auf der Insel ist der Verbannte stolz auf sein Regierungssystem, das „in seiner raschesten Beweglichkeit kompakteste und wirkungsmächtigste, das es jemals gegeben hat". Durch die Präfekten erreichte der gleiche Anstoß im selben Augenblick mehr als 40 Millionen Menschen; und mit Hilfe dieser Mittelpunkte örtlicher Aktivitäten war die Bewegung ebenso rasch in den äußersten Bereichen wie im Mittelpunkt selbst[199].

Diese Präfekten sind ein Instrument der Diktatur. „Da die Umstände es gewollt haben, dass ich mich in der Position des Diktators befand, mussten alle Entscheidungsfäden, die von mir ausgingen, stets in hinreichender Verbindung mit der prima causa bleiben... Daher waren in meinem Denken die meisten dieser Behörden nur Institutionen der Diktatur, Kriegswaffen"[200].

Die Armee als Modell der Verwaltung, der napoleonische Verwaltungsstaat als Militärstaat, Administration als Instrument der „Diktatur" – dies waren tiefere Gedanken, als dass sie mit dem Kaiser vergangen wären. Etwas von dieser stillschweigenden Militarisierung hat noch lange nach ihm alles Verwalten geprägt. Wird es aufgegeben, in einem endgültigen Abschied von jenem „Ausnahmezustand", den doch jede Administration glaubt in jedem Augenblick bewältigen zu müssen, so beginnt ein neues Verwalten, wenn überhaupt je... Bis dorthin wird Licht und Schatten des Korsen über aller Verwaltung liegen.

b) Dieses Hohelied auf seine Verwaltungsdiktatur wollte der Kaiser allerdings mit einem versöhnlichen Wort an seine Feinde schließen, die ihn noch generationenlang als Diktator verdammen sollten: „Wäre die Zeit für mich gekommen, die Zügel locker zu lassen, hätten sich auch alle meine Entscheidungsstränge in entsprechender Weise entspannt; und dann hätten wir zu unserer Friedenordnung gelangen können, zu unseren lokalen Institutionen"[201]. Zentralisierung als Anstrengung des Ausnahmezustandes, Dezentralisation als Ordnung der Normalität – moderne Autonomiebegeisterung wird man dem Organisator nicht andichten, wohl aber realistische Erkenntnis der Vielfalt, ihrer Bedürfnisse und Kräfte. Und ein

---

[198] VI, 243 f.
[199] VII, 131 f.
[200] VII, 133.
[201] A. a. O.

Frankreich, welches zentralisierend den napoleonischen Ausnahmezustand verewigen wollte, wäre wohl doch nicht in der Gedankenwelt des Kaisers gedacht.

4. Polizei

a) Bemerkungen zu zentralen Verwaltungsbegriffen mit materiellen Inhalten, wie Sicherheit und Ordnung, wird man im Mémorial vergeblich suchen. Die allgemeinen Vorstellungen zu Politik und Regieren werden hier nicht näher konkretisiert. Nach ihnen ist Maxime eine zugleich fest bestimmte und gemäßigte Staatsform[202] – stets aber nach den Erfordernissen des Augenblicks[203]. Der (persönlichen) Freiheit wird grundsätzlich (noch) nicht ein politisches Gewicht zuerkannt, welches bald im 19. Jahrhundert eine der Grundvorstellungen, ja ein materielles Ziel des Polizeirechts werden sollte. Auch in der Verbannung hat der Korse hier eine größere Wende zum aufsteigenden Liberalismus nicht vollziehen wollen. Verständlich ist dies in der allgemein-politischen Lage einer Restauration, in welcher er allenfalls hoffen durfte, von europäischen Mächten zu Hilfe gerufen zu werden, die harte Polizeistaatlichkeit praktizierten. Andererseits lag darin ein zentraler Kritikpunkt gegen seine Herrschaftsform als solche: dass er unter dem Mantel revolutionärer Freiheitlichkeit Polizeipraktiken entwickelt, jedenfalls sich habe entfalten lassen, bis hin zu geheimpolizeilicher Bespitzelung.

So waren denn Vorstellungen zu innerer Sicherheit und Ordnung ein odioses Thema für den Verbannten. Er hat daher auch der Organisation der Polizei weder ein „großes Wort" widmen wollen, noch eine seiner eigenwillig-plastischen Bemerkungen. Selbst jene „Kadi-Polizei", in deren Namen er sich häufig unkenntlich unter das Volk mischte – und dies seinen Präfekten anriet – diente nicht primär konkreten Sicherheitszielen, vielmehr der Erforschung der Stimmung in der Bevölkerung[204], also einem nach heutigem Verständnis allgemeinen sozialpolitischen Informationszweck.

Diese „polizeiliche Zurückhaltung" lässt sich allerdings auch werten als etwas wie eine – negative – Herrschaftsmaxime: Je fester regiert werden soll, desto weniger empfiehlt es sich, Durchsetzungszustände der Macht (öffentliche Ruhe, Sicherheit) offen als solche anzusprechen. Liegen sie nicht in den allgemeineren Ideen einer Wohlfahrt beschlossen, welche werbewirksamer vertreten werden kann? Und eine vertiefende Diskussion über organisatorische Instrumente, allen voran die Polizei, liegt doch nur dann nahe, wenn eine Herrschaftsabschwächung verkündet werden soll, wie sie dem Kaiser fremd war – um von vagen Zukunftsvisionen[205], wenn nicht Träumen[206] zu schweigen.

---

202 II, 321.

203 II, 75.

204 VI, 386.

205 Vgl. etwa VII, 133.

206 V, 401.

b) Beschäftigt hat aber noch den Verbannten die Sicherheit der Regierenden, das Attentat. Der Mord eines Souveräns ist ein schwereres Verbrechen als alle anderen, wegen seiner schwerwiegenden Folgen: „Wer mich in Frankreich getötet hätte, hätte Europa erschüttert; und wie oft war ich dem ausgesetzt"[207]. Die staatsgefährdenden Folgen, nicht die Gefährdung von Leben, macht hier also das staatsbegründende Wesen eines „Terrorismus" aus, der gegenwärtig – und durchaus folgerichtig – von seinen Urhebern über den Volkssouverän geleitet wird, über die „Tötung Unschuldiger". Im Verständnis früherer Zeit, und noch für Napoleon, müsste dieser spätere Terrorismus als eine Form des staatsgefährdenden Königsmordes erscheinen.

Dennoch hat der Kaiser kaum Maßnahmen gegen Attentatsversuche getroffen. Keine festen Gewohnheiten, kein regelmäßiges Verhalten – das war, damals wie heute, der beste Schutz gegen Anschläge[208]. Es kam dem unmittelbar-gegenwärtigen Regierungsstils des Kaisers entgegen, zugleich als ein „Leben in Phantasie" und in einer Arbeitsintensität, welche ihm viele Auftritte in der Öffentlichkeit verbot[209] – schwer zu befolgende Ratschläge für demokratische Politiker. Attentatsversuche sind schließlich nicht zu veröffentlichen, Unterlagen wurden von ihm „sorgfältig unterdrückt"[210] – lösen sie nicht an sich schon Unruhe aus, sind sie nicht ein Beweis gegen die Legitimität einer Ordnung? Dies ist doch wohl eine Staatsweisheit gegen alle Attentatshysterie, weit über damalige Zeit hinaus.

Gegen persönlichen Polizeischutz war der Kaiser stets misstrauisch. Er rühmt sich, als einziger Souverän auf Leibwächter verzichtet zu haben[211]. „Palastwachen sind etwas Schreckliches und umso gefährlicher, je absoluter geherrscht wird", auch seine eigene Garde hätte ihm gefährlich werden können[212] – eine Erfahrung, die ein späterer Diktator nicht bestätigen sollte, welche aber für die Relativität allen polizeilichen Personenschutzes spricht.

Mit einem wahrhaft napoleonischen Wort von caesarischer Reminiszenz kann diese Attentatsbetrachtung schließen: „Ich habe mich meinem Stern anvertraut, der Polizei habe ich die ganze Vorsorge überlassen". Dies aber konnte nur der General sagen, der „seit seinem 18. Lebensjahr den Kugelregen der Schlachten gewohnt war, die Nutzlosigkeit (von Anstrengungen) erkannt hatte, sich davor schützen zu wollen, daher sich seinem Schicksal anvertraute"[213]. Waren die Verschwörungen nicht Kugeln, gerichtet auf die Spitze der Macht?

Doch so kann nur ein Soldat sprechen, kein ziviler Regierender – es sei denn, er habe den unzeitgemäßen Mut zum Sterben.

---

[207] III, 315.
[208] III, 18 f.
[209] III, 19.
[210] III, 18.
[211] A. a. O.
[212] V, 216.
[213] III, 17 f.

X. Finanzen und Steuern

1. Grundsätze, nicht finanzpolitische Einzelinstrumente

Napoleon war einer der größten Finanzorganisatoren der neuesten Zeit. Das ständige Bedürfnis nach wahrhaft ungeheuren Staatsmitteln für seine militärischen Unternehmungen erzwang eine strenge Einnahmen- wie Ausgabenpolitik. Nur in diesem Sinn, nicht in dem von grundsätzlich-inhaltlichen Gestaltungszielen seiner Regierung, lässt sich bei ihm von einer allgemeinen Steuer- oder Finanzpolitik sprechen. Gerade weil die zahlreichen Einzelinstrumente seiner Fiskalpolitik heute nur mehr Gegenstand der Wirtschaftsgeschichte sind, und schon auf St. Helena für ihn Geschichte waren, richtet sich gegenwärtiger Blick über die Tagebücher auf seine grundsätzlichen Bemerkungen zu Finanzen und Steuern. Sie sind unmittelbare Einsatzmittel der Macht, auf ihren Wegen immerhin bedeutsam für gesellschaftliche Gestaltung. Deren moderner Primat war allerdings auf St. Helena noch kein Staatsgedanke. Dort finden sich vor allem Bemerkungen zu einer allgemeinen Finanztechnik der Macht.

2. Staats„geschäfte" und Privathaushalte – privates Eigentum

a) Für den Kaiser war Staatswirtschaft als solche in keiner Beziehung eine private Aufgabe; das finanzielle Privat-Staatsdenken des Ancien Régime war endgültig Vergangenheit, Staatswirtschaft zum Gegenstand des Öffentlichen Rechts geworden – der Macht. In diesem Sinn sprach er hier vom (jeweiligen) „Zustand seiner Geschäfte", als dem von Staatsangelegenheiten. Hier durfte nicht gedacht werden in Kategorien eines Regiments, sondern in denen einer Armee, nicht in denen eines privaten Haushalts, sondern eines Reiches[214]. Eine „Verbetriebswirtschaftlichung des Staates", dessen Verständnis als einer, selbst großen, Unternehmung, hatte in diesem Denken keinen Platz. Hier durfte nicht allzu sehr „nachgeprüft" werden, nicht allzu „wirtschaftlich", allzu streng gehandelt werden. Eine solche Grundhaltung bei der Behandlung von Steuereinnehmern[215] lässt sich wohl auf die gesamte Finanzgebarung übertragen; sie sollte eben große Politik sein, nicht kleines privates Rechnen.

b) Andererseits war sich der Finanzpolitiker Napoleon durchaus der Bedeutung einer solchen machtgestützten, öffentlichen Fiskalität für die Gesamtwirtschaft bewusst, in moderner Terminologie: der Wirkung des Staatsanteils auf die allgemeine Eigentumsordnung und Eigentumsverteilung.

Ausgehend von der Diskussion zwischen Physiokraten und Merkantilisten stellt er fest: „Einst gab es nur eine Art von Eigentum, das von Grund und Boden. Eine weitere Art ist hinzugekommen, das Industrieeigentum, das nun in Gegensatz gerät

---

[214] VI, 245.
[215] VI, 244.

zu Ersterem. Jetzt tritt noch eine dritte Form hinzu: sie kommt aus den enormen Belastungen der Steuerpflichtigen. Verteilt durch eine neutrale und unparteiliche Regierung kann sie ein Monopol der beiden anderen Eigentumsformen ausschließen, als Vermittlerin zwischen ihnen dienen, ihre Konflikte verhindern"[216]. Dahinter steht deutlich die Vorstellung von einer eigentumsordnenden Funktion fiskalischer Belastungen, des Staatsanteils überhaupt. Dies war noch nicht in sozialer Umverteilung gedacht, wohl aber im Sinne einer antimonopolistischen Teilnahme und Teilhabe über Staatsanteile an der Gesamtwirtschaft, damit eben doch als Instrument gesellschaftlicher Gestaltung. Und ein interessanter Aspekt eröffnet sich für diese Fiskalwirtschaft gerade darin, dass sie als eine antimonopolistische Einflussmöglichkeit erscheint: Fiskalische Staatsmacht als Schiedsrichterin zwischen privaten Eigentums- und Geldmächten, welche ihrerseits die Macht des Staates bedrohen könnten.

3. Einnahmepolitik – Gesetzmäßigkeit der Besteuerung

a) Die Steuergewalt ist das sicherste Mittel, Unterwerfung zu erzwingen. Deshalb ist die Schaffung eines Katasters, eine registermäßige Festlegung der Besteuerungsgrundlagen, von solcher Bedeutung, „dass sie für sich alleine bereits als die wahre Verfassung des Reiches" gelten konnte. „Denn in ihr lagen die wirkliche Garantie der Eigentumswerte und die sichere Unabhängigkeit jedes Einzelnen"[217]. In diesen wahrhaft bedeutenden Worten liegen Erkenntnisse, um welche das Staatsrecht sich noch immer müht: Die Bestimmung der Besteuerungsgrundlagen ist eine stärkere Freiheitsgarantie als die Grundrechte, und das Eigentum ist, selbstverständlich, als solches gegen die Besteuerungsgewalt zu schützen – eine Erkenntnis, zu der es in der Gegenwart einer generationenlangen Verfassungsrechtsprechung bedurft hat.

b) „Bestimmung der Steuer durch Gesetz" ist die notwendige Folge dieses entscheidenden Fortschritts der Legalität. Veränderung der Steuerhöhe unabhängig von den Bemessungsgrundlagen, war ersichtlich entweder überhaupt nicht, oder doch allenfalls als eine Marginalie vorstellbar. Allein schon nach der gesetzlichen Grundlagenfixierung konnte jeder Einzelne „sogleich seine eigene (Steuer-)Rechnung aufmachen, er hatte nicht mehr die Willkür der Staatsmacht... zu fürchten"[218].

Nach den strikten Legalitätsvorstellungen des Kaisers ergab sich aus dieser Steuerbestimmung durch Gesetz also ganz selbstverständlich eine Berechenbarkeit in Transparenz, und zugleich die notwendige Einfachheit der Besteuerung. Dass es einmal gerade diese selbe Gesetzgebung sein könnte, welche es dem Bürger nicht mehr gestattet, „seine eigene Steuerrechnung aufzumachen" – davon war damalige

---

[216] VII, 125.

[217] II, 345 f.

[218] II, 346.

Gesetzgebungsgläubigkeit weit entfernt. Damit konnte sie auch der Illusion einer Selbstheilung durch Vereinfachungsgesetze der Steuern nicht erliegen.

Immerhin: Nur über grundbuchmäßig genaue, unverrückbar fortdauernde Festlegung der Besteuerungsgrundlagen konnte jene napoleonische „Reichsverfassung der Steuern" Wirklichkeit werden, indem sie den Bürger der Willkür ständig abändernder Steuerbeamter und des dauernd ändernden Steuergesetzgebers zu entziehen suchte. Und moderne Besteuerung wird nur dann nicht mehr beliebige Dispositionsmaxime der Staatsgewalt sein, wenn es auch die Staatsziele nur (mehr) in dem Umfang sind, von welchem die napoleonische Gesetzgebung eben – ganz natürlich – ausging.

c) Mit dieser neuen Fiskallegalität konnte dann auch eine gewisse Großzügigkeit in der Behandlung der Steuererhebung einhergehen. Die „Vertreter der öffentlichen Finanzen", damals noch weithin Steuereinnehmer in privatem Status, sollten nicht durch kleinliche Staatskontrollen schikaniert werden, sie sollten wohlhabend sein und dies offen zeigen dürfen[219].

Ein solches privatrechtliches Inputdenken im staatlichen Finanzbereich erscheint der Gegenwart als längst überwunden. Dennoch findet es, mutatis mutandis, noch immer eine, wenn auch ferne, Entsprechung in einem Verständnis der Legalität, welche der Steuererhebung so manches – nicht nur verfahrensrechtliche – Privileg belässt, nur damit eben die nötigen Mittel eingehen. Und dann ist vielleicht gar noch an die „dreschenden Ochsen" der staatlichen Finanzmacht zu denken, heute nicht mehr Steuereinnehmer, sondern Agenten der Macht, in Parlamenten und anderswo, welche eingeschaltet sind in das große Verfahren der Steuererhebung: Wenn sie nicht darben, Politiker und Abgeordnete, „Finanzexperten" der Macht, werden sie andere leben lassen. So könnte man vielleicht Napoleon modern fortdenken ...

4. Staatsverschuldung

a) Staatsschulden, Staatsanleihen waren eines der großen und laufenden Regierungsprobleme des Kaiserreichens, klassische Werke seiner Geschichtsschreiber, wie etwa Adolphe Thiers in seiner „Histoire du Consulat et de l'Empire", gewähren dem entsprechenden Raum, diesen „Vorbereitungen glorreicher Campagnen". Den „Oberkommandierenden der Finanzen" beschäftigt dies auch noch in der Verbannung:

„Man sieht, wohin das System der Staatsanleihen führen kann, wie gefährlich es ist, daher habe ich davon nie bei uns etwas wissen wollen, obwohl die Meinungen hier geteilt waren. Ich bin bei meiner dauernden und hartnäckigen Ablehnung geblieben[220]". In modern anmutender Formulierung meint er sodann: „Weit war ich

---

219 VI, 244.
220 VI, 118.

davon entfernt, die Zukunft verfrühstücken zu wollen (manger l'avenir) – künftige Generationen zu belasten". Die Entscheidung war: einen Staatsschatz zu hinterlassen, einen Staatsbesitz, der als Kreditgeber für Banken, Familien in Schwierigkeiten und für die Mitarbeiter dienen konnte[221]. Der Staat als der ganz große, allgemeine Bankier der Bürger – das waren noch Zeiten!

b) Doch dieser Trésor, der Staatsschatz, garantierte der Macht auch ihre ständige Kreditwürdigkeit. Unbegründet waren die Vorwürfe, es hätten sich ja keine zeichnungswilligen Gläubiger gefunden. „Schlecht kennt die Menschen und ihre Gewinnsucht, wer da glaubt, man könne nicht immer Beleiher finden, wenn man ihnen nur Chancen bietet und auf die Anziehungskraft des Spieles setzt". Doch dies hätte sich nicht in sein System eingefügt, „dessen Grundlage eine Zinssumme von 80 Millionen war", festgelegt in einem besonderen Gesetz, und in dieser Höhe zu einem Viertel erst nach dem Anschluss des reichen Holland. Dieser Rahmen war vernünftig und üblich, jede Überschreitung hätte Nachteile gebracht[222].

Wieder erscheint die gesetzliche Verschuldungsgrenze geradezu als System-, nach späteren Vorstellungen: als Verfassungsgrundlage der gesamten Regierungsarbeit. Wie viel finanzpolitische Gestaltungsfreiheit hat sich nicht demgegenüber spätere Macht erkämpft!

c) Doch die Visionen gingen darüber noch hinaus. Auf der Grundlage eines soliden Trésor, eines ausgeglichenen Haushalts, sollten nicht nur Staatsschulden bedient, es sollten auch massive und vielfältige öffentliche Investitionen getätigt werden, in öffentliche Arbeiten und Verbesserung öffentlicher Einrichtungen[223]. Über ein pyramidal gestuftes System von „Aktivitätsfonds" sollte dies auf nationaler, departementaler und lokaler Ebene finanziert werden – der Staat als Eigenkreditgeber, und das in einer Ordnung, die offenbar nach Grundsätzen funktionieren sollte, welche dem damals mächtig sich entwickelnden Privatkreditsystem entsprachen. Staatätigkeit in privater Finanzierungstechnik – sind das etwa gar doch schon Gedanken einer Verbetrieblichung des öffentlichen Sektors?

5. Die Staatsausgaben – das Schatzamt

Grundlage der gesamten Finanzpolitik war die unbedingte und scharfe Trennung der öffentlichen Einnahmen und Ausgaben, institutionell verfestigt in der zwischen Finanz- und Schatzministerium. Sie führte zu getrennten Entscheidungen und zugleich zu gegenseitiger Kontrolle. Der Leiter des Schatzamtes war, unter einem Chef wie dem Kaiser, der wichtigste Mann des Reiches, nicht als Schatzminister, sondern als Generalkontrolleur: Alle Anordnungen im Reich liefen durch seine Hände, er konnte Unterschlagungen und Missbräuche aufdecken, wo immer sie

---

[221] VI, 119.
[222] VI, 118 f.
[223] VI, 119.

auftraten, darüber dem Souverän berichten – was tatsächlich jeden Tag geschah[224]. Auf Grund dieser Gesamtkontrolle der Haushaltslage, sämtlicher Staatsausgaben, konnte der Kaiser seine Entscheidungen treffen und sie über seinen Staatssekretär, den „Minister der Minister", außenwirksam werden lassen; dieser war die Instanz der Gegenzeichnung, der rechtlichen Bestätigung. Mit ihm, dem Schatzminister und einem Dutzend Schreibern, hätte sich der Kaiser anheischig gemacht, das ganze Reich zu regieren, bis nach Illyrien und an die Ufere des Niemen – genau so wie in seiner Hauptstadt[225].

Diese strenge, auch organisatorische Trennung von Einnahmen- und Ausgabenseite, von Steuern und Haushalt, ist heute im privaten Bereich eine Selbstverständlichkeit. Im öffentlichen Sektor wird sie in nicht wenigen Staaten noch immer praktiziert, in Deutschland dagegen ist sie seit langem in der finanzpolitischen Zentrale des Finanzressorts aufgehoben. Die gefährlichen Entwicklungen von „Steuern nach Haushaltslage", bis hin zur Vernachlässigung öffentlichen Sparens, sind damit zu einem Zentralproblem der Gegenwart geworden. Im Geist eines Napoleon, der doch gewiss bewegen wollte und gestalten, auch mit seiner Finanzgewalt, wäre dies wohl unvorstellbar gewesen; und zugleich zeigt seine finanzpolitische Regierungsbilanz aus der fernen Insel, wie sehr der eigentliche Schöpfer des Öffentlichen Rechts stets in privatwirschaftlichen Kategorien eines Bankiers dachte, eines Familienvaters des Staates – eben doch letztlich in Betriebswirtschaft.

XI. Gerichte, Petitionen und Strafen

1. Kritische Grundeinstellung gegenüber Gerichtsbarkeit und Richtern, Prozessen und Anwälten

Die Judikative war im Exil als solche kein Gegenstand von staatspolitischem Interesse für den früheren Souverän, so sehr ihn Strafen beschäftigten (i. Folg. 3). Zu nahe waren noch die negativen Erfahrungen mit den „souveränen Gerichtshöfen" des Ancien Régime, ihre Aufstandsversuche gegen ein Königtum, das dann in einer Revolution unterging – welche ihrerseits die Macht der Richter brach. Die Vorstellung von ihnen als „Mund des Gesetzes", letztlich als Subsumtionsmaschinen unter Normen, war auch für den gesetzesgläubigen Schöpfer einer neuen Egalität (vgl. oben VI) unverrückbar. Wie hätte dieser Kaiser den Richterkönig ertragen können?

a) Rechtsstreitigkeit kann für ihn, den großen Entscheider, nichts anderes sein als quälende Gerechtigkeitssuche, die sich in unerträglichen Verfahrenslängen dahin schleppt. Die Prozesse sind ihm daher eine Geißel, eine wahrer Aussatz, ein wirkliches soziales Krebsgeschwür. „Schon mein Gesetzbuch hatte hier zu einem

---

224 II, 315.
225 VI, 245.

bedeutsamen Rückgang geführt, weil eine Vielzahl von Prozessen nun von jeder-
mann selbst geführt (beurteilt? wesentlich beeinflusst?) werden konnten (une foule
de causes à la portée de chacun)". Doch dem Gesetzgeber blieb noch vieles zu tun.
Gewiss sollte er sich nicht der Illusion hingeben, er könne die Menschen vom
Streiten abhalten, das gibt es zu jeder Zeit. „Ich musste jedoch verhindern, dass ein
Drittel auf Kosten der Streitigkeiten der beiden anderen Drittel lebt, ausschließen,
dass es sie auch noch aufstachelt, um noch besser zu leben". Deshalb sollte es für
Anwälte nurmehr Erfolgshonorare geben, mit der notwendigen Folge, dass sie
bereits nach erster Überprüfung bei zweifelhaften Erfolgschancen die Vertretung
ablehnen. Sie würden nicht mehr handeln allein aus Freude am (Rechts-)Gespräch,
Misserfolge würden sie selbst treffen[226].

Doch mit Praktikern komplizieren sich sogleich die einfachsten Dinge[227]. Sie
haben dagegen so viele Einwände geltend gemacht, dass er diese seine Überlegungen vertagen musste – er hatte anderes zu tun. Noch immer war er aber im Exil
davon überzeugt, dass diese Idee zielführend sei, dass man sie so wenden und ändern könnte, dass sie zu großer Wirkung führt[228].

In wenigen Worten kommen hier nicht nur prozess-pyschologische Einsichten
zum Ausdruck, sondern vor allem auch solche in die advokatorische Mentalität, in
die juristische Tätigkeit überhaupt. Und der Vorschlag eines Erfolgshonorars ist nie
aus der Diskussion verschwunden, er entspricht verbreiteter Überzeugung und so
mancher, wenn auch verdeckter, Praxis. Hier kam er aus der Sicht der Staatsgewalt: Für sie sind Prozess und Advokatur auch Erscheinungen, welche die Macht
berühren, sie zerfasern können.

b) Kritik ist nicht nur die Grundeinstellung gegenüber Prozessbetrieb und An-
wälten, sondern auch gegenüber den Richtern: Ihrer „Willkür kann man nur ent-
kommen, indem man sich unter die Despotie des Gesetzes stellt", lautet sein hartes
Wort[229]. Darin liegt nicht nur die bereits erwähnte Gesetzesgläubigkeit, sondern
eine deutlich tiefe Abneigung gegen Entscheidende wie Entscheidungsformen,
welche in seinem Denken, in seinen Machtvorstellungen keinen Raum haben können. So wichtig hier aufklärerische Rationalität ist (vgl. oben II, 2), so eindeutig
müssen ihre Ergebnisse für jeden unmittelbar einsichtig sein, sie dürfen nicht über
„Erkenntnisse" von Richtern geleitet werden, die dem eben doch ein Willens-
gewicht hinzufügen, welches aber der gestaltenden Macht vorzubehalten ist. Noch
ist nicht jene selbstkritische Spätform des juristischen Rationalismus erreicht, welche ihre Zuflucht bei Gerichten sucht, auch wenn sie deren höhere Erkenntnis ra-
tional letztlich nicht anerkennt, sondern sich ihr eben nur – unterwirft. Dieser intellektuelle Mechanismus liegt dem letzten – eben doch – Optimismus napoleonischen Erkenntnis- und Machtbewusstseins fern. Und ist nicht gegenwärtiges

---

[226] VII, 248.
[227] Vgl. auch VI, 307 f.
[228] VII, 249.
[229] VI, 307.

Richtervertrauen mehr angelsächsische Mode, resignierende Rationalität, als deren systematische Hochform?

c) Jeder Art von Sondergerichten steht der Kaiser ablehnend gegenüber, einen „Hohen Gerichtshof" darf es nicht geben. Der Eklat und die Unruhe, welche derartige Schauspiele stets begleiten, sind eine Gefahr für Ordnung und Gesetzesgehorsam. „Ein derartiger (Sonder-)Prozess ist ein wahrer Aufruf an das Volk, er wurde stets zu einer schweren Niederlage für die Staatsgewalt, wenn der Angeklagte obsiegte"[230] – und nicht nur dann. Der Schauprozess führt aus der Normalität der Ordnung auch heute noch heraus, sie gerät ins Zwielicht, selbst wo sie obsiegt. Diese tiefe Einsicht in „den Prozess als Staatsgefahr" trägt wohl noch weiter: Hier entfaltet sich eine Diskutabilität der Staatsmacht als Prozessgegner, aber auch des Ordnungsfaktors Recht als solchen, die zum Autoritätsverlust führen kann – von der Rechthaberei zum staatskritischen Rechtsbewusstsein. Am besten ist also stets „ordentliche Gerichtsbarkeit"[231] – und im napoleonischen Denken ist dies nur eine gerichtsorganisatorische Fortsetzung der allgemeinen Gesetzesgeltung für Gleiche.

Darüber sollte moderner gerichtlicher Staatsschutz nachdenken.

2. Petitionsinstanzen

a) Die Gerichtsbarkeit durfte nicht als Staatsgewalt verstanden, sie musste durch Eindämmung der Prozesse zurückgedrängt werden. Dass dies nur eine Seite allgemeinerer Machtvorstellungen des Korsen war, wird in bemerkenswerten Äußerungen zur Organisation des Petitionswesens deutlich. Er bedauert nachdrücklich, dass er eine hervorragende Idee nicht weiter habe verfolgen können: Eine Gruppe von Mitarbeitern sollte die „wichtigsten Petitionen heraussuchen, sie ihm unterbreiten, so dass er täglich drei oder vier Privatpersonen aus den Provinzen hätte empfangen können. Sie hätten ihm unmittelbar ihre Angelegenheit erklären, er hätte sie sofort mit ihnen besprechen können, und er hätte ihnen rasch zu (ihrem) Recht verholfen"[232]. Dieses „leur rendre justice" kann kaum anders verstanden werden als im Sinne eines „zu ihrem (der Privaten) Recht verhelfen". La Cases erinnerte ihn daran, dass er sehr Ähnliches bereits weit früher unter der Bezeichnung „Petitionskommission" ins Leben gerufen habe; unter seinem eigenen Vorsitz seien allein im ersten Monat der Hundert Tage mehr als viertausend Petitionen erledigt worden[233].

b) In einer Art von gestufter Exekutiv-, wenn nicht geradezu Moufti-Justiz sollte also eben doch eindeutig Recht gesprochen werden, wenn auch wohl beschränkt

---

[230] II, 358.

[231] A. a. O.

[232] II, 325.

[233] II, 326.

auf Streitigkeiten zwischen Privaten und Staat. Das erwähnte Verfahren beim Kaiser selbst wäre dabei kaum etwas anderes gewesen als eine Fortsetzung von Ancien Régime, und in streng juristischer, weiter wirkender Form, wurde derartiges ja organisatorisch in jenem Conseil d'Etat verwirklicht, dem übrigens der Verbannte kein näheres Interesse mehr geschenkt hat.

Seine souveräne Macht konnte nur vorgestellt werden unter Einfluss des früheren königlichen Gerichtsbarkeitsprivilegs. Nicht diese vergangene Form gibt noch der Gegenwart zu denken, sondern eine Vorstellung vom Regieren, welche dahinter steht: Die zum Amt gewordene Souveränität muss sich, wie alle Ämter, stets in voller Aktivität zeigen, Gnadenerweise verteilend, unrechtausgleichend, (Staats-) Angelegenheiten erledigend[234] – bis hin zur Entscheidung von Rechtsstreitigkeiten. Im parlamentarischen Petitionsrecht hat sich ein Rest davon erhalten; seine rechtsstaatliche Problematik wird darin deutlich, dass hier das rein Autoritäre sogar in der neuen napoleonischen Legalität noch einen bedeutsamen Platz finden sollte – als etwas wie ein Hauch von Volksnähe ...

3. Strafen

Voraussetzungen und Rechtsfolgen von Straftaten, das heutige materielle Strafrecht, haben den Verbannten, für seine Macht Bestraften, immer wieder beschäftigt. Ausgespart dagegen blieb ein Strafprozessrecht; hier hätte die Souveränität ja etwas von ihrer Macht opfern müssen.

a) Napoleon war ein entschiedener Vertreter der Generalprävention, eines Strafens, welches die Zuschauer beeindruckt, die Gesellschaft[235].

Dies war nur Ausdruck einer viel weiterreichenden Machtstrategie der kaiserlichen Reaktionen auf ein Fehlverhalten, selbst in seiner Umgebung. Die Antwort auf einen auch schweren Fehler war stets kalkuliert „Mein Grundsatz war: Wenn ich mich entschied zuzuschlagen, sollte der Schlag möglichst weit seine Wirkungen entfalten. Wer ihn empfing, war allein deshalb nicht mehr oder weniger böse. Wer dabei Zeuge war, dessen Gesicht und Hemmungen dabei man oft hätte sehen sollen, verbreitete dann diskret weiter, was er gesehen und gehört hatte. Ein heilsamer Schrecken zirkulierte von Ader zu Ader in dem sozialen Körper. Die Staatsgeschäfte wurden dadurch erleichtert; ich musste weniger strafen und hatte unendlichen Nutzen davon, ohne tief verletzt zu haben"[236].

Die Kriminalstrafe war also zu verstehen als eine Form und einzuordnen in ein allgemeineres System von Ein- und Zugriffsmaßnahmen, von Sanktionen gegen alle, welche der Macht widerstehen oder sie schwächen wollten. Nicht um Wirkun-

---

[234] II, 338.

[235] III, 314.

[236] IV, 131 f.

gen auf sie ging es dabei, sondern über sie auf größere Kreise. Die Einzeltat kann die Macht nicht interessieren. Doch der Gesetzgeber musste die (allgemeinen) moralischen Einstellungen beeinflussen, die schon vor der Straftat herrschten, diese damit bedingt, wenn nicht ermöglicht hatten, die Auffassungen der Zuschauer, der gesamten Gesellschaft; diesen Vorstellungen von Las Cases stimmte der Kaiser rückhaltlos zu[237].

Hier zeigt sich ein Aspekt in der Diskussion um die Strafzwecke, der nicht selten vernachlässigt wird: Generalprävention verfolgt vor allem auch staats- und machtpolitische Ziele des Strafens, unmittelbar und nicht nur über Vorstellungen allgemeiner „Austausch-Gerechtigkeit" zwischen Fehlverhalten und Strafe. Deshalb allein schon musste sie das napoleonische Staatsdenken beherrschen, das damit auch bruchlos anschließen konnte an die frühere gewaltpräventive Öffentlichkeit des Strafvollzugs.

b) Die Strafe als individuelle Reaktion gegenüber dem Täter, als Rache oder auch nur Buße für sein Verhalten, spielt in dieser Vorstellungswelt letztlich keine Rolle. Der Kaiser billigt die Auffassung, dass in der Diskussion über die Ungleichheit der Strafen, ihr Maß und ihre Formen – bis hin zur Folter – die Person des Schuldigen „die geringste Rolle spielt, die Strafe war seine Sache, er hatte sie verdient"; es gab Mittel genug, seine körperlichen Leiden zu erleichtern, wie es ja auch bereits damals der öffentlichen Meinung entsprach. Deutlich tritt hier hervor, dass Generalprävention die Härte von Strafen, über Buß- und Racheaktionen hinaus, sogar noch steigern kann, sie allenfalls dann abschwächt, wenn ein Weiteres akzeptiert wird: Mitverursachung der Straftat durch die Gesellschaft. Doch davon waren die Machtvorstellungen Napoleons, ihr Verhältnis zur „Gesellschaft", noch weit entfernt.

c) Zur Schwere der Strafen als solcher, unter dem Gesichtspunkt ihres moralischen oder reedukativen Gewichts, ihrer psychologischen Wirkungen auf den Täter, hat sich der Kaiser nicht geäußert; er sieht das Strafen nur aus der Perspektive der Macht, als ihr Instrument. Und da ergeben sich für ihn – wie für all diejenigen, in deren Denken sich dies, wenn auch meist unausgesprochen, fortsetzt – überraschende und einfache Maximen: „In unserer Zeit darf der Souverän nur als eine Wohltat erscheinen" – der sozial handelnde Volkssouverän sucht dies heute nachzuvollziehen. „Akte der Strenge müssen über andere geleitet werden"[238] – dazu dient die Gewaltenteilung: Konkret straft der Volkssouverän so wenig wie seine Vertreter im Parlament – er amnestiert allgemein; Strafe ist Vorrecht und Last der Gerichte.

Dieser strafende Souverän muss – und kann auch – so handeln, wie es dem Richter nicht leicht fallen mag, entsprechend dem „großen Prinzip" Napoleons: „Vieles hinnehmen, bevor gestraft wird – dann aber ein strenges Beispiel statuie-

---

[237] III, 314 f.
[238] III, 380.

ren, nicht so sehr mit Blick auf die Tat, sondern damit es nicht zu einer Wiederholung der Strafe kommen muss"[239].

Hinter diesem einfachen Wort steht die bedeutsame Vorstellung von einer Gefahr sich abschwächender Strafgewalt, von einer Strafhöhe also, welche ein Ausschleifen der Macht in Formen homöopathischer Sozialmedizin vermeidet. Dass sich hier eine tiefe und nicht hinreichend diskutierte Problematik modernen Strafens auftut, wird sich kaum bestreiten lassen. Aus napoleonischer Sicht ist dies wiederum nur Ausdruck einer allgemeineren Machtmaxime: Einen bei übler Tat Ertappten hatte er nicht bestraft, die Folge war späterer Verrat – natürlich: Man hatte den Schuldigen nur „irritiert", aber kein Exempel der Gerechtigkeit statuiert. „Hier sieht man, worin es führt, Dinge halb zu tun, man verliert dabei immer. Man darf nie etwas sehen; wenn man aber einmal gesehen hat, muss man (in Strafe) entscheiden"[240].

So verbindet die Macht Großzügigkeit und Eigenschutz – alles zu ihrer Festigung. Beides ist seit langem Vergangenheit.

d) Staatschutz, Bestrafung politischer Gefangener war ein Thema, mit dem der Verbannte Rechtfertigungsversuche gegenüber den wohl schwersten Anschuldigungen gegen sein Regime und seine Person verband.

Die Ermordung des Herzogs von Enghien stand hier im Mittelpunkt von Vorwürfen, welche auch andere, frühere Fälle einbezogen[241]. Napoleon kam darauf immer wieder zurück, sprach unterschiedlich darüber im größeren und kleineren Kreis. Die Mordvorwürfe haben ihn ersichtlich tief getroffen. Dennoch besteht er auf Rechtfertigung, nicht Entschuldigung: Er habe diesen Fall stets unter zwei völlig unterschiedlichen Gesichtspunkten gesehen, dem des allgemeinen Strafrechts und der dafür zuständigen Gerichtsbarkeit und dem eines „Naturrechts zur Selbstverteidigung und zur Ausschaltung der Gewalt"[242]; Letzteres ist wohl als ein Recht der Staatsnotwehr zu verstehen. Man könne ihm Strenge vorwerfen, nicht aber eine Verletzung der Gerechtigkeit. Dieses selbe naturrechtliche Verteidigungsrecht hielt er auch seinen Feinden im Ausland entgegen: Da er sie nicht ihrer gesetzlichen Strafe zuführen konnte, blieb ihm nur dieses Recht der Selbstverteidigung aus dem Naturgesetz: Höllenmaschinen, Attentate bis nach London, Regierungsterror also als Staatsschutz – „das Blut ruft das Blut"[243].

Mit diesen Vorstellungen von Naturrecht, Staatsschutz, Terroristenbekämpfung glaubt man sich in die Gegenwart versetzt, mit ihrem „Krieg" gegen Attentäter, ihrem übergesetzlichen Notstand auch in der Bekämpfung politischer Gegner, in der Leichtigkeit, mit der solche naturrechtlichen Begründungen vom Völkerrecht

---

239 III, 416.
240 VII, 28.
241 VII, 325 ff.
242 VII, 330.
243 VII, 330 f.

ins (auch innerstaatliche) Strafrecht übertragen werden. Dem politischen Verbrechen gegenüber genügt eben – offenbar – die „justice établie" nicht, bestehende Gesetze und Justizorganisation. Selbstschutz ist höchstes Machtprivileg – Naturrecht.

e) Und ein Vorrecht der Macht ist, ebenso selbstverständlich, Nachsicht gegenüber politischen Gefangenen. Sie waren, entgegen so mancher Kritik, die ihn missverstehen wollte, nicht Gegenstand seines Hasses: Gerade hier seien doch große rechtsstaatliche Fortschritte erzielt worden: Laufende gerichtliche Überwachung der Gefangenen, periodische Haftprüfung durch immerhin gerichtsähnliche Instanzen mit Entscheidungsbefugnis, vor allem aber keine Todesstrafe in solchen Fällen[244]. Für viele Tausende wurde (schon zu Beginn des Konsulats) die Todesstrafe in Freiheitsentzug umgewandelt, „weil ich kein Blut für politische Taten vergießen wollte, und weil derartige Prozesse nur die Unruhe aufrechterhalten hätten, die Unsicherheit unter den Bürgern"[245]. Nicht Milde also – Machtkalkül; kennt Machtschutz-Recht überhaupt etwas anderes?

f) Strafvollzug und Gefängniswesen werden ebenfalls eingeordnet in die Machtstrategie, zugleich aber in die allgemeinere Aktivitäts- und Arbeitsordnung, die dem Kaiser vorschwebte. Er lobt den Vorschlag von Las Cases, ein großes, einheitliches Gefängnis in jedem Departement zu schaffen, damit zugleich Sicherheit in der Gesellschaft und Wohlfahrt der Eingeschlossen zu gewährleisten. Dieser menschenfreundliche Vorschlag des aufgeklärten Aristokraten wurde jedoch sogleich zu einem Projekt kaiserlicher Größe: „Ihre Idee, daraus ein Monument für die Jahrhunderte zu machen, hätte meine Aufmerksamkeit geweckt. Dieses gigantische Unterfangen, seine Nützlichkeit, seine Bedeutung, die Nachhaltigkeit seiner Ergebnisse – all dies war nach meiner Art"[246].

Denn es ging eben doch nicht so sehr um das Problem einer tätergerechten Reform des Strafens, mochten diese Ideen auch seit Cesare Beccarias „Über Vergehen und Strafen" schon seit dem Ende des 18. Jahrhundert Gemeingut aller Aufgeklärten in Europa sein. Der große General hatte ganz andere Gedanken[247]: Er wollte die Gefangenen militärisch organisieren „und an Monumentalbauten und an großen öffentlichen Unternehmungen arbeiten lassen – für Lohn. Dies hätte sie vor Nichtstun bewahrt, vor all jener Unordnung, die gewöhnlich die vollständige Untätigkeit unter ihnen hervorruft. Sie wären gut ernährt, gut gekleidet gewesen, nichts hätte ihnen gefehlt; dem Staat hätte dies aber nichts gekostet, da ihm doch die Gegenleistung ihrer Arbeit zugeflossen wäre. Alle hätten daran verdient". Doch der Staatsrat leistete Widerstand, im Namen „dieser falschen Menschenfreundlichkeit, welche die Welt verwirrt": Arbeitszwang erschien ihm als hart und barbarisch. Ein Gefangener sei schon unglücklich, gestraft genug durch den Verlust seiner Freiheit, man habe

---

244 V, 70 f.
245 V, 72.
246 V, 46 f.
247 VII, 60 f.

kein Recht auf seine Zeit oder auf einen Teil seiner Aktivitäten. Gerade dies sollte
sich aber nach Napoleons Meinung ändern: „Ein Gefangener kann und muss legiti-
me Nachteile hinnehmen. Was ich ihm auferlegen will, ist zu seinem wie zu anderer
Vorteil; von ihm wird nicht mehr Leiden, mehr ermüdende Anstrengung verlangt,
er wird weniger Gefahren ausgesetzt"; für ihn war eben Freiheitsentzug als solcher
kein derart schwerer Nachteil, wohl aber Müßiggang.

Nicht nur militärisches Denken steht hinter solchen Ideen, sondern vor allem
eine wirkliche Arbeitsdoktrin, welche jede Aktivität als segensreich betrachtet,
auch eine aufgezwungene, keine „Freiheit zur Untätigkeit" anerkennen will. So
liegt darin die Überzeugung von einem Primat des Allgemeininteresses aus einer
Arbeitsordnung, welche die menschliche Existenz höher entwickeln sollte. Skepsis
darüber beherrscht bis heute – wenn auch meist in deutlicher „philanthropischer"
Ein-, nicht selten Verkleidung – die ewige Diskussion um den gerechten Strafvollzug. Napoleon hat hier den Kontrapunkt gesetzt – nicht nur den der Staatsmacht,
sondern des Gemeinwohls.

g) Napoleon wäre nicht Kind seiner rationalistischen Zeit der Erziehungsbegeis-
terung gewesen, von Rousseaus „Emile" bis Pestalozzi, hätte er nicht an Erziehung
zum Guten geglaubt, an die Besserung des Bösen durch Bildung; und die Nähe des
Empire zur Antike musste sich auch sokratisch-platonischen Gedanken einer Pai-
deia öffnen, welche „Verfehlung als Irrtum" durch Erziehung heilen wollten. So ist
für ihn die schlimme Tat nicht (notwendiger) Ausdruck eines Charakters, sondern
Folge von Zufall und Erziehung[248]. Er rühmt sich, dass seine Schulen, seine Erziehung eine rasche Abnahme der Kriminalität bewirkt hätten, während diese im be-
nachbarten England in erschreckender Weise angestiegen sei. Danach könne man
diese beiden Staatsordnungen – er nennt sie, eben aus staatlicher Sicht: „Adminis-
trationen" – beurteilen[249].

XII. Erziehung – Bildung – Wissenschaft

Damit beginnt bereits ein weiteres Kapitel, zu dem der diktatorische General
mehr und Dauerhafteres geschaffen hat als so mancher „rein zivile" Reformator –
und als er selbst mit seinen militärischen Erfolgen. Sein durchgestuftes Erzie-
hungssystem, kulminierend in seinen „Großen Schulen" und „Akademien", hat
Jahrhunderte überdauert, noch heute ist es vielen ein bewundertes Vorbild – von
anderen wird es, seit langem, als „elitär" bekämpft. Jedenfalls ist es ein mächtiger
Stein des Anstoßes, den der Korse hier hinterlassen hat. Im Mémorial findet sich
dazu allerdings quantitativ erstaunlich wenig, qualitativ aber Wichtiges, und es
rückt so manche, positive wie negative Beurteilung in der Gegenwart doch in ein
anderes Licht.

---

[248] III, 373.
[249] I, 466.

1. Bildung und Freiheit

Bildung und Erziehung fallen im Sprachgebrauch Napoleons, wie in dem seiner Zeit, weithin zusammen. Dies zeigt sich bereits in ihrer Bedeutung für die staatsgrundsätzliche Freiheit.

Freiheit ist eine Sache der Erziehung. In der Apologie seiner Diktatur ist dies ein zentrales Argument[250]: Die Nation war noch nicht reif, mit ihrer Freiheit so umzugehen, wie diese es verdiente. Im Erziehungszustand der Masse war noch zu viel von den Vorurteilen der Vergangenheit. Dies hätte sich aber geändert in einer täglichen Bildung – hier wird diese Anstrengung „former" genannt. „Nicht durch Keulenschläge und sprunghaftes Verhalten lässt sich ja das moderne Regierungssystem in ein natürliches verwandeln, kann es als solches fruchtbar werden, man muss es in (die) Erziehung einpflanzen"; so werden dann künftige, noch unbekannte Generationen, von ihr erreicht[251]. Die Herrschaftsmacht darf das Volk nicht in Unwissenheit halten. Die Früchte aufklärender Bildung sind nur dann schädlich für die Ordnung, wenn diese selbe Herrschaft die Freiheit gewaltsam zurückdrängt[252]. Breite Volksbildung war in diesem Denken stets eine selbstverständliche Zielvorstellung, schon weil dies ganz aus der Rationalität der Aufklärung kam (vgl. oben II, 2).

2. Bildungsinhalte und Bildungsorganisation

Doch eine Besonderheit dieser Vorstellungen ist zugleich ihre wesentliche Instrumentalität, fernab von inhaltlichen Festlegungen. Hier zeigt sich die eigenartige Liberalität des großen Staatsorganisators (vgl. oben A. III), dem immer Anstöße und Bewegung wichtiger waren als bestimmte Ergebnisse: Von Bildungsinhalten, materiellen Erziehungszielen ist weniger die Rede als von Bildungsorganisation und Erziehungsmitteln.

a) Immerhin: Die oberste Bildungsmaxime lautet: „Ein gutes Programm, Konkurse und Belohnungen – alles wäre gewonnen; nichts kann diesen Weg versperren"[253]. Zu jenen notwendigen Bildungsinhalten des „guten Programms" gehören, das wird im selben Zusammenhang bemerkt, zwei eng sich berührende Materien: Die Annalen der neuen Herrschaft und die „Klassiker", die geistige Nahrung der Jugend; sie sollten – und dabei ist wohl an die antiken Autoren gedacht – in einer Kommentarform geboten werden, welche eine „Harmonie herstellt mit unseren modernen Einrichtungen". Geschichtliches und klassisches Denken als Bildungsideal in konzentriert-edukativer Ausrichtung auf die politische Machtstrukturen – das ist doch wohl etwas anderes als ein Humboldtsches Bildungsideal, in dem die Inhalte leiten, nicht sogleich staatspolitisch instrumentalisiert werden.

---

[250] VII, 134.

[251] I, 466.

[252] I, 464.

[253] VI, 274.

Von den verbreiteten Vorstellungen der Zeit über Bildungsinhalte des Wahren, Schönen, Guten ist nicht die Rede. Der Bildungsorganisator war mit Macht beschäftigt, nicht mit Moral oder Ästhetik. So manche Strömung „verfassungsfestigender" politischer Bildung steht ihm darin näher als einer großen deutschen Vergangenheit.

b) Die Konkursidee, Wettbewerb durch Auswahlprüfungen, wird ebenfalls im Sinne einer bestimmten, auf Kontinuität gerichteten Machtvorstellung relativiert[254]. Sie darf „nur sehr vorsichtig geweckt" werden. An der Spitze ist autoritär-monarchisch zu regieren, die Macht daher erblich zu „neutralisieren". Denn Fähigkeiten und Kenntnisse sind bereits so verbreitet in der Masse, dass solche Auswahlverfahren für Spitzen der Herrschaft zu Unruhen und Kämpfen führen könnten – eine letzte Absage an einen machtpolitisch wirkenden Elitarismus, hier aber nur um die fatale Inthronisierung von Familienmitgliedern zu rechtfertigen.

c) Im Übrigen finden sich lobende Worte über „seine Schulen", sein System „gegenseitiger Unterrichtung"[255] – was immer dies bedeuten mag. Auch in Fragen der Erziehungsorganisation hat Napoleon – ganz selbstverständlich – in militärischen Kategorien gedacht: „die Armee als Schule der Nation", in einer ganz direkten Verbindung. Allgemeine Wehrpflicht und Aushebung – in den letzten Jahren des Empire Gegenstand in Frankreich zunehmender Kritik, ja einer steigenden, sozial bedingten Entfremdung von Volk und Herrschaft – werden im Mémorial gepriesen als Form der Schulorganisation: In jedem Regiment sollte es Schulen geben für Ausbildungen aller Art, von geisterwissenschaftlichen Fächern bis zur einfachen Mechanik. „Und welche günstigen Wirkungen hätten diese jungen Menschen mit all ihren so erworbenen, wenn auch vielleicht nur elementaren Kenntnissen nicht in der Masse der Gesellschaft verbreitet!"[256]. Und welcher Verlust an Ausbildungs- und Bildungschancen – könnte man heute hinzufügen – bei Abschaffung der allgemeinen Wehrpflicht.

3. Generalisten – Erziehung; der „gebildete Staatsmann"

a) So sporadisch seine Äußerungen zu Bildungsinhalten waren (vgl. oben 2a), so entschieden tritt der Kaiser für Generalistenstudium ein, gegen eine Spezialisierung, welche in absoluter Trennung der Berufe endet. „Diese gerühmte Arbeitsteilung, die bei uns zur Perfektion mechanischer Werke geführt hat, ist verhängnisvoll für geistige Produktion. Jede geistige Leistung steht umso höher, je universeller derjenige ist, der sie erbringt" – ein beiläufig großes Wort, anwendbar auf ein ganzes Bildungssystem, und vom Kaiser in seiner Umgebung befolgt: Oft hat er einer

---

[254] VI, 260.
[255] I, 466.
[256] VII, 247.

Person verschiedene Aufgaben übertragen, die untereinander keinen Bezug auf-
wiesen; das war „sein System", berichtet Las Cases[257].

b) Bezeichnend für „Bildung als Staatsideee" ist, dass sich diese Worte im
Zusammenhang mit der alten Frage vom „gebildeten Staatsmann" finden: „Die
Alten waren uns in diesem Punkt weit überlegen, denn bei ihnen waren die
Staatsmänner gleichzeitig Literaten und die Literaten Staatsmänner; sie kumulier-
ten die Berufe"[258] – eine Erinnerung an den von ihm verehrten Caesar. Doch dies
wurde eben im Zusammenhang mit einer Generalistenbildung bemerkt, wie sie
an der Spitze des Staates gefordert ist; dort sollte es nicht um Spezialisierungen
gehen, welche der Kaiser auch in der von ihm geplanten europäischen Schule für
europäische Prinzen vermeiden wollte; denn „Perfektion oder zu großer Erfolg in
gewissen Bereichen der Geistes- oder der Naturwissenschaften sind von Nachteil
für einen Herrscher. Die Völker können nur verlieren, wenn sie einen Dichter als
König haben, einen Virtuosen, einen Naturforscher, einen Chemiker, einen Dre-
her, einen Spengler"[259]. Ein Widerspruch zum Vorstehenden? Wohl kaum: Ein
Spezialist ist für Staatsleitung nicht geeignet, „solide Berufsausbildung" dort eher
schädlich, weil in die Irre der Enge führend. Doch für den „Philosophen-König",
wäre der Kaiser wohl eingetreten, mit Platon, gegen Kant und so manch Gegenwärtige.

4. Wissenschaft

a) Hier sind die Auffassungen Napoleons ebenso fest wie heute wohl wenig
populär.

Die Idee einer „Volksuniversität", welche sein Gesprächspartner ihm nahe zu
bringen versucht, stößt auf harte Ablehnung: „Dies ist ein schönes, menschen-
freundliches Hirngespinst[260]". Verbreitung von Wissen im Volk entsprach einer
seiner aufklärerischen Überzeugungen, doch eine derartige Bildungssteigerung
blieb, unvereinbar mit seinen hierarchischen Vorstellungen, einer weit späteren Gegenwart vorbehalten.

b) Napoleon glaubte fest an die Wissenschaft. Seine Gewohnheit war es, immer
wieder wissenschaftliche Fragen mit den Mitgliedern seines „Institut", seiner
Über-Akademie zu diskutieren, „mit dem Befehl, sie zu beantworten" – ein heute
noch, vielleicht aber bald nicht mehr problematisches Vorgehen. Sodann wurde die
Lösung in die Öffentlichkeit gebracht, dort analysiert, kritisiert, angenommen oder
abgelehnt – eine Heutigen dagegen wohl durchaus sympathische Vorstellung von
Regierungs- oder Volksberatung. Hier gerät der Verbannte ins Schwärmen: „Es

---

[257] II, 407.

[258] II, 407.

[259] I, 392.

[260] V, 47.

gibt nichts, was sich auf diese Weise nicht erreichen lässt; dies ist der große Weg des Fortschritts in einer großen Nation, die viel an Geist und Einsicht besitzt".

c) Harte Worte findet der Kaiser allerdings wieder für die Wirtschaftswissenschaften und ihre Regierungsberatung. Frühere Sitzungen im Staatsrat haben ihn belehrt: Diese Theorien mögen inhaltlich zutreffen, sie werden fehlerhaft in ihrer Anwendung. Lokale Verhältnisse verlangen Abweichungen von ihrer einheitlichen Ausrichtung[261]. „Wenn es eine Monarchie aus Granit gäbe, so würden die Ideen der Nationalökonomen genügen, sie in Staub zu verwandeln"[262].

Macht braucht Staatswirtschaft; doch ihre Gedanken sind nicht die Gedanken der Wirtschaft – wenn beide nicht Eins werden, wie es auf so mancher Tagesordnung der Gegenwart steht.

XIII. Europa – Europäische Ordnung

1. Mehr über Europa als über Frankreich

Jener Mann, der Frankreich so groß hat werden lassen wie nie zuvor oder nachher, schlägt hier keinen „nationalistischen Ton" an. Man möchte Worte erwarten über französische Vorbildlichkeit, gallisches Heldentum – einfach über nationale Größe. Doch es spricht eben nicht der „Kaiser der Franzosen", sondern der frühere Herrscher über den Kontinent, über so viele Völker; es schwingt eher etwas mit wie die Inschrift auf dem Sockel der Statue seines Schwiegervaters in der Wiener Hofburg: „Amorem meum populis meis" – den europäischen Völkern. Es spricht der Generalissimus der Grande Armée, der europäischen Vielvölkerstreitmacht – und der Sohn einer Revolution, welche das Licht der Vernunft[263] aufgehen lassen wollte, weit über eine Rheingrenze hinaus.

Bemerkenswert ist, dass in den Tagebüchern Frankreichs Größe, wenn überhaupt, begegnet im Zusammenhang mit etwas wie europäischen Öffnungen oder Interessen: Die Stärke Frankreichs wird gerade in der weiten Ausdehnung der französischen Staatsbürgerschaft gesehen, in etwas also wie einer französisch geprägten Multinationalität. Sie sei liberal zu verstehen, im Sinne größerer Bewegungsfreiheit in Europa[264]. Und das „Französische Reich" erscheint als Garantie europäischen Gleichgewichts, dessen Verlust Europa bald beklagen werde[265].

Gewiss mag das „politische Schweigen über Frankreich und die Franzosen" – das in deutlichem Gegensatz steht zu Napoleons ständiger Beschäftigung mit ihrer

---

[261] IV, 332.

[262] IV, 292 f.

[263] Immer wieder wird das „Reich der Vernunft" verkündet, etwa I, 313, II, 241, das Licht der Aufklärung, etwa VII, 32. Vgl. z. Folg. auch bereits Leisner, Walter, Napoleon über Europa, FS für Helmut Steinberger, 2002, S. 145 ff.

[264] III, 285 ff.

[265] VI, 10.

Literatur, ihrer Gesellschaft – auch Ausdruck der tiefen Enttäuschung eines Mannes sein, der erst im fernen Süden den Schmerz über individuellen und nationalen Verrat voll gefühlt hat[266]. Dies bricht auf in einem bitteren Wort, schmeichelhaft für die Deutschen: Wenn der Himmel ihn als deutschen Prinzen hätte geboren werden lassen, hätte er die Deutschen geeint regiert, „und nach dem, was ich über sie zu wissen glaube, denke ich noch heute, sie hätten mich gewählt und proklamiert, sie hätten mich nie verlassen, und ich wäre nicht hier"[267]. Ob gerade die Deutschen solches Lob verdienen...

Immerhin: Napoleon sah sich als geborenen Führer gleich welcher Nation – letztlich über den Nationen – und darin konnte sich sein Denken nur europäischen Dimensionen öffnen.

2. Europäische Einigung: der napoleonische Traum

Nur selten verfällt dieser durch und durch rationale Mann[268], der selbst seine Zornesausbrüche berechnet hat[269], in Schwärmerei – immer, wenn es um Europa geht. Nur hier entwickelt er eine ganz große Zukunftsvision: Nach gewonnenem Russlandkrieg hätte er „seinen Kongress" (von Wien) gehabt. „In dieser Versammlung aller Souveräne hätten wir unsere Interessen im Familienkreis behandelt und mit den Völkern abgerechnet wie Meister mit ihren Gesellen"[270]. Und sogleich folgt dann ein Feuerwerk aus Entwürfen und Plänen.

Tief beeindruckt hat den Kaiser ersichtlich Metternichs Idee eines Europäischen Kongresses, damit aber auch die Vorstellung von einem Konvent gleichberechtigter europäischer Partner. Gerade in diesem Zusammenhang ist nicht von französischer Hegemonie die Rede, eher beiläufig werden nur die Grenzen Frankreichs als unveränderlich erwähnt[271] – eine verständliche Spitze gegen Wien.

Zu seiner europäischen Vision kehrt er, gegen Ende der Tagebücher, nochmals eindrucksvoll zurück[272]: Zuerst spricht er dort von „einer seiner größten Ideen": die Völker geographisch zusammen zu fassen, ihre territoriale Zerstückelung zu beenden. Doch über dieser Schaffung nationaler Einheiten – nur in „summarischer Vereinfachung" – erscheint sogleich die große Aufgabe, das „schönste Ideal der Zivilisation" zu verwirklichen: Überall Einheit der Gesetzgebungen, der Prinzipien, der Meinungen, der Gefühle, der Ziele und Interessen. „Dann dürfte man

---

266 Wenn er ihn auch, in durchaus nobler Weise, herabgespielt, ja entschuldigt hat, siehe etwa I, 416, 464.

267 VII, 174.

268 Vgl. für viele II, 43; IV, 346, 390.

269 VI, 103.

270 Vgl. dazu i. Folg. 3).

271 V, 399 f.

272 VII, 167.

vielleicht, im Licht allseits verbreiteter Aufklärung, davon träumen, auch für die große europäische Familie etwas einzuführen wie den amerikanischen Kongress oder die griechischen Amphiktyonen – und welche Aussichten würden sich dann eröffnen, von Macht und Größe, von Genuss und Wohlfahrt! Was für ein großes, großartiges Schauspiel!"

Wer hat je begeisterter über Europa gesprochen als dieser Mann – Tausende von Meilen hoffnungslos von dieser seiner visionären Familie entfernt, und fast zwei Jahrhunderte. Nicht auf französische Größe richte sich sein Blick, sondern auf europäische, nicht auf ein römisches Reich der Militärstaatlichkeit, sondern „das Land der Griechen mit der Seele suchend", auf ein Reich des hellenischen Geistes, gegenüber – nein: nach dem Vorbild der neuen Welt regiert. Da ist mehr als Prophetie, da ist Vision, und nicht nur in aufklärerischer Vernunft, sondern mit dem Herzen gesehen: Europa als napoleonischer Traum.

3. Ein Raum liberaler Wirtschaft

a) Entscheidend ist für ihn die volle Bewegungsfreiheit, in Europa vor allem[273], ja im Sinne der ganzen Freiheit eines universellen Austausches[274]. Dies ist geradezu ein napoleonisches Leitmotiv in der Verbannung, im Mittelpunkt seiner europäischen Vision[275]. Nach seinem Sieg wäre nicht nur volle Rechts- und Gerichtsvereinheitlichung gekommen, sondern auch totale Verkehrsfreiheit (Schifffahrtsfreiheit) und schließlich sogar eine monetäre Vereinheitlichung[276]. Erstaunlich ist daran, aus heutiger Sicht europäischer Einung, wie schon damals, und von einem wirklichen Führer, der liberale Weg nach Europa als der wahre gesehen wurde, orientiert nicht an Befehlen, die er wie kein anderer gegeben hat, sondern an wirtschaftlichen Rahmendaten einer Kommunikationsfreiheit im heutigen Sinn, die dann eben selbsttätig nach Europa geführt hätte.

b) Im Namen dieser liberalen, gesamteuropäischen Ideen erklärt dann der Verbannte: „Das Kolonialsystem ist für uns beendet, für den ganzen europäischen Kontinent"[277] – zu einem Zeitpunkt, der gerade den Beginn des ganz großen, vor allem des englischen Kolonialismus bedeutet. Gewiss sind es denn auch politische Spitzen gegen das Inselreich, welche zur Forderung nach jener Schifffahrtsfreiheit führten, an der britische Liberalität noch für mehr als ein Jahrhundert stets enden sollte. Doch auch hier verfolgt dieser weite Geist Wege in eine europäische Zukunft, selbst für England: Da das Kolonialsystem nicht weiter bestehen könne, solle sich doch England „Formen der Emanzipation ausdenken"; seine Kolonien wür-

---

273 III, 285 ff.
274 IV, 208.
275 V, 390 f.
276 A. a. O.
277 IV, 208.

6 Leisner

den ihm ohnehin durch Sprache, Gewohnheiten und wechselseitige Interessen verbunden bleiben[278] – ein Jahrhundert vor den politischen Anfängen des Commonwealth ist dieses hier schon vorgedacht worden, zugleich auf einer Straße Englands in ein gemeinsames Europa; immerhin könne diese Macht ja noch „Stützpunkte" halten[279], . . . wenn auch am Ende vielleicht nurmehr St. Helena . . .

4. Die russische Gefahr

a) Entscheidend für Napoleons europäische Vision war das Ende der Kriege. Wohl erst auf St. Helena ist ihm ganz klar geworden, dass er, vor allem in den letzten Jahren, nurmehr der Kaiser des Blutes war und der Schlachten; und die Tagebücher zeigen hier mehr als naheliegende Rechtfertigungsversuche: ein moralisches Rechtfertigungsbedürfnis, mit Blick in eine nicht mehr kriegerische Zukunft.

Gerade wo er begeistert vom zukünftigen Europa spricht[280], ist von der Rückführung des Militärischen die Rede, von einem Europa, in dem Armeen lediglich zur „Bewachung der Fürsten" gebraucht würden; und wo es nurmehr defensive Kriege geben könne. Und dass dies mehr bedeutet als eine europäische Idylle, lassen die bereits berichteten Gedanken zur Neuordnung des Kontinents deutlich werden. Dem rastlosen Organisator muss auch heutige Betrachtung glauben, dass er Militär und Krieg zur Erziehung befürwortete, nicht aber als Hort des Kriegerischen an sich – Tapferkeit, ja Heldenmut, wie sie der Kaiser doch so oft um sich und für sich erlebt hat, kommen in seinen Gedanken auf St. Helena kaum mehr vor. . .

b) Doch in einem denkt er ganz militärisch, gerade wenn er an – Europa denkt: Russland ist und bleibt für ihn die große Gefahr für Europa. Russland ist unbesieglich[281]: „Europa wird bald den Verlust des Gleichgewichts beklagen, für das mein französisches Reich unbedingt erforderlich war. Europa ist in größter Gefahr; es kann jeden Augenblick von Kosaken und Tartaren überschwemmt werden"[282].

Prophetische Worte jedenfalls, mag man sie auch mit einer Niederlage erklären, die einem Angriff gefolgt war, wirkmächtig auch heute: Manche Europäer bekennen sich offen zu ihnen, weit Zahlreichere heimlich, ihre Wahrheit fürchten fast alle.

Ein Europa mit Russland – das ist nicht napoleonisch. Sein Europa war so gedacht, wie im 20. Jahrhundert der europäische Gedanke entstanden ist.

---

[278] VI, 110.
[279] A. a. O.
[280] V, 399.
[281] VII, 111 f.
[282] VI, 10.

5. Ausblick auf Europa – im Rückblick auf St. Helena

Ein geeintes oder gar vereinigtes Europa, wie es heute so viele erstreben, hatte schon in einer langen Vergangenheit manche größere Chance – eine von ihnen war der universelle Aufbruch zur Freiheit in der Französischen Revolution und das napoleonische Reich. Wie umfassend, wie so gar nicht „nur französisch", wie europäisch der Kaiser im Grunde dachte, haben seine letzten großen Worte auf St. Helena gezeigt. Spekulieren und streiten mag man wohl darüber, ob nach einem Sieg über Russland – und damit dann auch über England – ein französischer oder ein europäischer Kontinent Wirklichkeit geworden wäre. Und gewiss hätte dies eine hegemoniale Einung Europas hervorgebracht, eine andere als die der „Geschlagenen und Gebeugten" nach 1945. Befürworter der Einigung glauben heute zu wissen, dass eine andere Vereinigung des Kontinents, nach so vielen gescheiterten Hegemonialversuchen, eben nur im Zusammenschluss gleich Schwacher gelingen kann, in Verständigung, ohne Befehl. Doch sie wissen es eben erst seit 1815 und 1945, vor allem seitdem der große napoleonische Aufschwung im russischen Winter zerbrach.

Primitive Geschichtsblindheit wäre es aber auch, in dieser gegenwärtigen geistigen Lage Europas alles zu vergessen, von allem weg zu sehen, was früher versucht worden ist und im Großen für Europa, vor allem auch von Napoleon. Seine Europagedanken auf St. Helena zeigen, wie viel damals schon, gerade auch von ihm, in Integration gedacht worden ist über das politische Schicksal des Kontinents, und nicht nur auf Schlachtfeldern, und in Befehlen. Davon kann die Gegenwart lernen, will sie jene europäische Familie entstehen lassen, deren Bild damals entworfen wurde, soll hier eine Rechtseinheit der großen Prinzipien entstehen, wie sie dem Kaiser vorschwebte, nicht nur eine Vereinheitlichung technischer Standards.

Napoleon war zu groß um nur Franzose zu sein – schon deshalb konnte er nur Europäer werden. Er hat „das Eigentum nicht gefühlt", Besitzstände gering geachtet, auch in der Politik. Eines aber besaß er, so wie er es selbst ausgedrückt hat: den Geist der Gründung, l'esprit de la fondation[283]. Gründer eines Europa hätte er werden können, als Einzelner vielleicht nur er. Da es nun anders gekommen ist, sind viele aufgerufen diese seine Tugend aufzunehmen und weiter zu tragen, seine größte Kraft: ein Denken, vor allem aber einen genialen Fleiß, „auf Grundlagen – in Gründung".

---

[283] I, 214.

6*

C. St. Helena und das Staatsrecht der Gegenwart: Macht als Ordnung

Die Lektüre wird manch tieferen Eindruck hinterlassen, aber auch Enttäuschung.

Große Worte, Lichtstrahlen, die über Jahrhunderte erleuchten, finden sich hier neben längst Erkanntem, Überholtem. Viele Probleme werden nicht angesprochen oder doch nicht in dem, was uns Heutige bewegt, ja quält. Es ist dies schon „Beschäftigung mit einer anderen Zeit", mit einer Folie, die so manches Aktuelle deutlicher hervortreten lässt, auf anderes aber einen Schatten der Bedeutungslosigkeit wirft. Hier präsentiert sich die große moderne Staatlichkeit in ihrer Geburtsstunde, nicht in ihrem späteren, gegenwärtigen Entwicklungszustand, allerdings auch nicht belastet mit Chancen und Ängsten von Fortschritt oder Dekadenz.

All dies sind eben keine Kategorien napoleonischen Denkens. Die politischen Untaten der Revolution hat es überwunden als nationale Unfälle, ohne deren großes Erbe zu verlieren. Diese Staatlichkeit selbst ist an einem militärischen Unfall zerbrochen, ihrem tieferen Sinn wird eine Zukunft Recht geben – das war die Hoffnung von St. Helena, in so vielem hat sie nicht getrogen. Doch die Abgründe der Freiheit und Gleichheit, an die gegenwärtige Demokratie immer wieder stößt, Staatsunrecht, nicht Staatshoffnung – dazu kommen kaum Botschaften von der fernen Insel. Soziales Streben als Chance und Gefahr ist ihr Gegenstand nicht.

Dennoch bleibt hier eine eigenartige, aufwühlende Begegnung mit einer immer wieder verdrängten Grunderscheinung in Politik und Staatsrecht unserer Tage: mit der Macht als solcher, ihrer Größe, ihren Versuchungen. Die Gegenwart will sie zurückdrängen – nur zu oft kann sie dabei nur verdrängen. Da dringt nun napoleonisches Licht durch so manchen normativen, wissenschaftlichen, politischen Schleier. Immer wieder wird dem Leser bewusst, dass „eigentlich doch" Vieles und Wichtiges seiner eigenen Zeit schon einmal Wirklichkeit und Problem war, vergrößert zu sehen aus der Verbannung des Kaisers. Und es sind zugleich viele Techniken dieser Macht, die sich als solche zeigen, seinerzeit offener eingesetzt als heute, und doch noch wirksam.

Darin ist dieses Mémorial ein wirkliches Monument des Staatsrechts, nicht nur eine Historie, die lehrt. Hier wird „alles gesehen in Macht", darin ist Macchiavelli zurückgekehrt. Doch der Gegenstand ist immer groß, groß gesehen, nicht in schlauem Kalkül.

Vor allem aber steht hinter all den Einzelheiten zu Staatsformen und Grundrechten, Staatskirchenrecht und Strafen, Steuern und Bildung, immer eines: die Vision von einer Ordnung aus der rastlosen Tätigkeit der Menschen, der Bienen des kaiserlichen Wappens. Da ist der Mensch Napoleon im Gespräch mit napoleonischen Menschen, die diese große Zukunft gestalten können, mit all diesen vielen Mitteln, unerschrocken und siegessicher wie Grenadiere. Der größte der Feldherren hat nicht ein erobertes Schlachtfeld zeigen können, sondern eine mächtige, und doch in so vielem menschliche Macht, aus der Leistungsfähigkeit, nein: der Leistung derer, die dieser Staat zusammenführt, zusammenhält.

Die Demokratie wünscht sich zu Recht den aktiven Bürger. Napoleon zeigt den aktiven Staat, in Worte kleidet er das Große der Taten, aus ihm kann eine glückliche Zukunft kommen. So ist dieses Monument Mahnung und Hoffnung in einem: Hohelied einer Macht, die aber nur Ordnung sein kann. Man mag sie verbannen, sie wird nie sterben.

D. Schrifttum – Napoleon : Staatsideen –
St. Helena – Las Cases – andere Memoiren

I. Staatsideen Napoleons

Napoléon, Louis (Kaiser Napoleon III) : Des Idées napoléoniennes. Œuvres de Napoléon III, 1854, I, S. 17 ff.

Pabón, Jesús: Las ideas y el sistema napoleónicos, 1944.

Ponteil, Félix: Napoléon I et l'organisation autoritaire de la France, 1956.

Friedrich, Hans Eberhard: Napoleon I, Idee und Staat, 1936.

Godechoch, Jacques: Les institutions de la France sous le Consulat et l'Empire, 1951.

Pelet de la Lozère, M.: Opinions de Napoléon I sur divers sujets politiques et d'administration recueillies par un membre du Conseil d'Etat, 1933.

Zaghi, Carlo: Napoleone et l'Europa, 1969.

II. Napoleon auf St. Helena

Abbott, John: Napoleon at St. Helena, 1855.

Aretz, Paul: Napoleons Gefangenschaft und Tod, Sankt-Helena-Erinerungen, 1924.

Aubry, Octave: Sankt Helena, I, II, 1956.

Blackburn, Julia: Des Kaisers letzte Insel, 1998.

Boudon, Jacques-Olivier: Napoléon à Sainte-Hélène, 2000.

Castelot, André: Histoire de Napoléon Bonaparte, Pons 1969 / 70, Nr. 10: Sainte-Hélène.

Castelot, André: Le livre de Sainte Hélène, Pons 1969.

Castelot, André: Le drame de Sainte Hélène, Pons 1959.

Dollot et Dunan: Napoléon vu de Sainte-Hélène, Revue d'Histoire diplomatique, 1952.

Dunan, Marcel: Napoléon et Las Cases, Bulletin de l'Institut Napoléon, 1952.

Forsyth, W.: History of the captivity of Napoleon at St. Helena, 1853.

Frémeaux, Paul: Napoléon prisonnier: Mémoires d'un médecin de l'Empereur à Sainte-Hélène, 1900.

Ganière, Paul: Napoléon à Sainte-Hélène, Pons 1957.

Gonnard, Philippe: Les origines de la légende Napoléonienne, 1906; The Exile of St. Helena, 1909.

Gonnard, Philippe: Les origines de la légende napoléonienne, L'œuvre historique de Napoléon à Sainte-Hélène, 1976.

Kauffmann, Jean-Paul: Die dunkle Kammer von Lockwood, 1999.

Kopelke, Wolfdietrich: Ein Kaiser stirbt, Napoleon auf St. Helena, 1966.

Korngold, Ralph: The last years of Napoleon. His captivity on St. Helena, 1959.

Latour, Contamine de: Napoléon et Sainte-Hélène, Revue des études Napoléoniennes, 1920.

Leisner, Walter: Napoleon über Europa – auf St. Helena, FS für Helmut Steinberger, 2002.

Loosen, Michel (Hg.): Documents pour servir à l'histoire de la captivité de Napoléon Bonaparte à Sainte-Hélène, Erstdruck 1821.

Martineau, Gilbert: Napoléon à Sainte-Hélène 1815 – 1821, 1981.

Masson, Frédéric: Napoléon à Sainte-Hélène, 1912.

Mauguin, Georges: Le Napoléon de Sainte-Hélène, 1951.

O'Meara, Barry Edward: Napoléon dans l'exil, 1910.

Rosebery, Archibald Philip Primrose, Napoleon am Schluss seines Lebens, 1901.

Thiers, Adolphe: Sainte Hélène, 1862.

Thiry, Jean: Sainte Hélène, Pons 1976.

Tyder, James: Bonaparte à Sainte-Hélène, 1816.

Willms, Johannes: Napoleon – Verbannung und Verklärung, 2000.

Young, Norwood: Napoleon in Exile at St. Helena, 1915.

III. Las Cases

Dunan, Marcel: Autour de Sainte-Hélène, Las Cases et Bertrand, Revue d'Histoire diplomatique, 1960.

Gource d'Orval, H: Le comte de Las Cases et la captivité de Sainte-Hélène, 1958.

Heal Ey, F. G.: Las Cases, Mémorial de Sainte-Hélène, a Commentary of Documents relative to this work in the British Museum, French Studies, 1951.

Rozelaar, L. A.: Le Mémorial de Sainte-Hélène et le romantisme, Revue d'Etudes napoléoniennes 1929.

IV. Andere Memoiren über St. Helena

Balmain, Alexander Antonović, Comte de, Napoléon in captivity. The reports of Count Balmain, 1928.

Bertrand, Henri Gratien – Général: Cahiers de Sainte-Hélène, 1949 – 1958.

Firmin-Didot, Georges: La captivité de Sainte-Hélène d'après les rapports du Marquis de Montchenu, 1894.

Gourgaud, Gaspard de – Général: Journal de Sainte-Hélène, 1944.

Gourgaud, Gaspard de: Napoleon, Erinnerungen und Gedanken, 1961.

Latimer, E. W.: Talks with Napoleon at St. Helena, 1904.

Lowe, Hudson: Napoleon auf Sankt Helena, Memoiren, 1910.

Marchand, Louis Joseph Narcisse: Mémoires de Marchand, premier valet de chambre et exécuteur testamentaire de l'Empereur, publiés d'après le manuscrit original, Jean Bourguignon (Hg.), Pons 1952.

Marchand, Louis Joseph Narcisse: Mémoires pour servir à l'histoire de France sous Napoléon, écrits à Sainte-Hélène, par les généraux qui ont partagé sa captivité, et publiés sur les manuscrits entièrement corrigés de sa main, London 1822 – 1825 (Gourgaud, Montholon).

Meynell, H.: Conversations with Napoleon at St. Helena, 1909.

Montholon, Albine de: Journal secret, 2002.

Montholon, Charles Tristan de – Général: Récits de la captivité de l'Empereur Napoléon, 1847.

O'Meara, Barry Edward: Recueil de pièces authentiques sur le captif de Sainte-Hélène, 1821.

O'Meara, Barry Edward: Napoleon in exile, or A voice from St. Helena, 1926.

Saint-Denis, Louis-Etienne: Souvenir du mameluck Ali sur l'Empereur Napoléon, 1926.

Shorter, Clement: Napoléon I: Für und wider Napoleon in St. Helena. Briefe von und an Napoleon auf St. Helena und eine Abhandlung über seine Tätigkeit als Schriftsteller, 1912.

Sachverzeichnis

MIX
Papier aus verantwortungsvollen Quellen
Paper from responsible sources
FSC® C105338

Printed by Libri Plureos GmbH
in Hamburg, Germany